겨레의 노래 아리랑

겨레의 노래

아리랑

김삼웅 지음

임진택 · 김태균 감수

두레

극복과 통합을 향한 겨레의 노래 〈아리랑〉

김삼웅 선생님은 평전(評傳)의 대가(大家)이시다. 나는 10여 년 전부터 평생의 서원(誓願)을 새로운 판소리 12바탕의 창작에 두고 정진해왔는데, 각 작품의 사설 집필 때마다 늘 가장 크게 의존한 글이 바로 김삼웅 선생님이 써놓으신 평전들이었다. 『백범 김구 평전』, 『안중근 평전』, 『녹두 전봉준 평전』이 그러하였다. 나는 내가 선택한 역사 인물들과 김삼웅 선생님의 인물 선택이 일치하고 있음에 각별한 동지애를 느낄 수 있었고, 김삼웅 선생님이 갖고 있는 사회역사적 관점이 나의 창작 방향과 일치하고 있음에 놀라움과 즐거움을 맛보곤 했다.

그러던 중 몇 해 전 나는 우리 애국가에 얽힌 위계(僞計)와 왜곡(歪曲)을 발견하고 이를 바로잡기 위해 『애국가 논쟁의 기록과 진실』이라는 책을 지어서 평소 존경해온 김삼웅 선생님께 증정했는데, 선생님은 그 내용 중 특히 현행 애국가의 대안으로 제시한 〈아리랑 애국가〉에 대해 지극한 관심과 공감을 표해주셨다. 그러다가 얼마 전 선생님으로부터 뜻밖의 연락이 왔는데, 선생님이 『겨레의 노래 아리랑』이라는 책을 집필하여 출판을 앞두고 있는바 당신의 글을 감수(監修)해달라는 것이었다.

나는 몇 가지 민망한 점이 있어 사양하고자 했다. 우선, '감수'란 것이 해당 분야의 원로 전문가들이 담당하는 영역인지라 대선배의 과제를 후학인 내가 감수한다는 것이 당치 않았거니와, 무엇보다 〈아리랑〉에 대한 연구는 나 같은 사람이 먼저 시도했어야 할 분야인데도 여태껏 방심(放心)했던 사실이 부끄러웠기 때문이다. 그럼에도 이를 한사코 고사(固辭)함이 결례일 듯싶어 선생님이 보내주신 원고를 일단 읽어본즉, 한편으로는 경앙(敬仰)하는 마음과 더불어 한편으로는 아쉬운 마음이 일었다. 왜냐하면 〈아리랑〉이라는 민요(民謠)에 대해 선생님께서는 '문헌적' '민속학적' '문학적' '역사적' '사회학적' 측면에서 다각도로 접근했으나 '음악적 측면'에서의 접근은 여의치 않았기 때문이다.

그래서 국악 전문가인 김태균 학형에게 부탁하여 함께 선생님을 찾아뵙고 책의 완성도를 높이기 위한 논의를 제안한바, 선생님은 후학들의 외람된 제안을 흔쾌하게 받아들이셨다. 선뜻 동행해주고 음악적 측면에서의 도움을 아낌없이 제공해준 김태균 학형에게 이 자리를 빌려 고마움을 표한다.

그동안 학계나 문화계에서 〈아리랑〉에 대한 연구와 발언은 수없이 전개되어왔지만, 그것들은 대체로 각 지역 〈아리랑〉 사설을 발굴 채록하는 일과 그 생성 어원(語源)을 유추하는 내용 등이 대부분이었다. 그러나 김삼웅 선생님은 이 책『겨레의 노래 아리랑』에서 평전(評傳) 저작가(著作家)로서 다른 연구들과는 구별되는 시각에서 〈아리랑〉을 바라보고 평(評)하는 또 다른 관점들을 제시하고 있다.

첫째, 이 책은 〈아리랑〉을 지역적·공간적 분포(分布)의 관점에서 채록·분석해온 기존의 연구와는 달리 역사적·시간적 생성(生成)의 관점에서 포착·비교하고 있다는 점에서 매우 독특하다. 김삼웅 선생님의 인식에 따르면 〈아리랑〉은 옛날에 만들어져 고정되어 전해오는 것이 아니라 오늘날에도 끊임없이 새롭게 만들어지는 '살아 있는 노래'이다. 이렇듯 생성론의 관점에서 민요 〈아리랑〉을 발견한 김삼웅 선생님의 탁견에 전적으로 공감한다.

둘째, 그러면서도 이 책은 겨레의 노래 〈아리랑〉의 지역적·공간적 분포를 누구보다도 확장하고 있다는 점에서 눈여겨볼 필요가 있다. 타이항산의 〈조선의용대 아리랑〉을 찾아낸 안목(眼目), 〈아리랑〉을 최초로 국제사회에 소개한 헐버트 박사를 언급한 선견(先見), 해삼위(블라디보스토크)와 중앙아시아 그리고 일본 등에서 전해지고 만들어져 불린 '아리랑들'을 건져 올린 열의(熱意)가 이 책의 곳곳에서 감지된다. 안목도 필요하지만 용기도 필요한 대목이다.

셋째, 김삼웅 선생님은 민요로서 〈아리랑〉, 겨레의 노래로서 〈아리랑〉이 긍정적으로만 확장·전승된 것이 아니라, 굴절되고 왜곡되고 폄훼되어오면서도 그 오욕을 견뎌왔다는 사실을 사실 그대로 진술해놓았다. 왜색·양풍에 편승한 '아리랑', 유신체제 폭압 속에서의 도피적 '아리랑', 상업주의 대중가요에 편입된 변질된 '아리랑' 등에 관해서도 지면을 할애한 것은 읽는 이를 불편하게 하기도 하지만, 이는 평전 작가로서의 피할 수 없는 진실이기도 하다.

김삼웅 선생님의 이 책에서 내 생각과 완전히 일치하는 내용은 '아리랑'

의 어원에 관한 것과 '아리랑 애국가'에 관한 것이었다. '아리랑'은 아리고
쓰린 고통을 안고 고개를 넘어가면서 읊조린 '흥얼거림'으로부터 나온 것
으로 그러한 '극복의 미학'은 이 노래가 아무리 변화·분화하더라도 결코
변할 수 없는 본성이라는 사실, 그리고 지금 우리 민족이 남과 북으로 나
뉘어 체제와 이념을 달리하고 있지만 우리가 평화와 통합을 향해 함께 불
러야 할 최적(最適)·최상(最上)의 노래가 바로 〈아리랑〉일 수밖에 없다는 사
실, 이 두 가지이다.

　〈아리랑〉이 '겨레의 노래'로서 대표성을 갖는 명분이 바로 여기에 있다.

임진택(창작판소리 명창)

들어가는 말

내가 『겨레의 노래 아리랑』을 쓴 이유

우리가 기쁠 때나 슬플 때나, 때와 장소를 가리지 않고, 부담 없이 함께 손에 손잡고 부를 수 있는 노래가 있다. 〈아리랑〉이다. 물론 '우리'에는 한반도뿐만 아니라 해외 각국에 사는 조선족, 고려인, 한인, 코리안은 물론 이 땅으로 귀화한 사람들까지 모두 포함된다.

필자는 여러 해 전에 평양과 삼지연, 옌볜과 타이항산, 카자흐스탄, 하와이, 사할린 등을 다녀올 기회가 있었다. 그곳에서도 〈아리랑〉은 맥을 이어오고 있었다. 각지의 동포들이 저마다 사용하는 언어로 부르는 〈아리랑〉이 노랫말만 다를 뿐 세대를 거쳐 이어지는 모습을 보며, 우리는 하나의 겨레임을 실감했다. 모국어를 몰라도 〈아리랑〉 노래는 모두 막힘없이 불렀다. 이 노래에 대해 가르쳐주는 이도 없었다. 그저 이 노래는 입에서 입으로, 앞 세대에서 다음 세대로 자연스레 전승되었고, 그렇게 한국 혈통이면 누구나 부를 줄 아는 국민가요, 아니 민족가요가 되었다.

국내에서는 전통 구전민요로, 해외에서는 망향가로, 그리고 귀화인들은 한국인이 되었음을 인증하는 노래로 〈아리랑〉을 부른다.

긴 세월 그칠 새 없는 외우내환(外憂內患)으로, 사는 것이 얼마나 아리고 쓰렸으면 〈아리랑〉이라는 노래가 태어나고 수백 년 동안 종횡으로 이어졌을까? '아리고 쓰린' 대목은 건국 신화의 쑥과 마늘이 연상되고, 또 한민족이 겪은 별리(別離)와 상봉(相逢)의 아픈 역사를 떠올리게 한다.

〈아리랑〉은 대한민국의 대표적인 민요이고 명실상부한 한국 문화의 상징적 노래이다. 〈아리랑〉을 향후 통일 한국의 '국가(國歌)'로 지정되어야 한다는 주장이 나오는 것도 〈아리랑〉이 그 상징성과 함께 문화적 독자성과 민족적 동질성을 내포하고 있기 때문이다.

남북분단이라는 비극적 상황에서도 남북한 사람들이 만나면 스스럼없이 〈아리랑〉을 함께 부른다. 때로는 각종 회의나 행사에서 남북한이 서로 긴장된 모습을 보이다가도 마지막에는 서로 얼싸안고 함께 부르며 하나로 만드는 노래가 〈아리랑〉이다. 남북 단일팀으로 참가하는 각종 국제 스포츠대회에서 남·북 양측의 국가(애국가) 대신에 〈아리랑〉을 연주하는 것은 이제 익숙한 모습이 되었다.

〈아리랑〉은 망국(亡國) 시대에 독립운동가들이 만주 벌판과 시베리아 평원에서 국가나 군가처럼 부르며 왜적과 싸운 노래이기도 하다. 그래서 1929년 12월에 일제의 조선총독부는 우리의 민요 〈아리랑〉을 금지곡으로 지정하며 탄압했다.

대한민국 정부는 2011년에 〈아리랑〉을 국가무형문화재로 지정했다. 2012년 6월에는 프랑스 파리에서 열린 제7차 무형문화유산 보호 정부간 위원회에서 한국 정부가 신청한 〈아리랑〉을 유네스코 인류무형문화유산 등재를 확정했다. 2014년 11월에는 북한의 〈아리랑〉도 유네스코 인류무형문화유산에 등재되었다.

일제의 식민통치가 포악했던 시절 나운규는 영화 〈아리랑〉(1926)을 제작하여 독립정신을 북돋웠다. 조선 말기의 미국인 선교사 호머 헐버트(1863~1949)는 자신이 채보한 〈아리랑〉 악보를 영문 월간지 ≪한국 소식(Korean Repository)≫(1896년 2월)에 실어 〈아리랑〉을 처음으로 국제사회에 알렸다. 그의 악보는 우리나라 최초의 〈아리랑〉 채보이기도 했다. 1919년 3·1혁명 때 시위에 나선 시민들은 〈아리랑〉을 합창했으며, 만주의 우리 독립운동가들은 전투 중에 〈광복군 아리랑〉을 불렀다.

님 웨일스(Nym Wales, 1907~97)가 중국 옌안에서 우리 독립운동가 김산(본명은 장지락)을 만나서 들은 그 혁혁한 투쟁사를 담아 저술한 책의 제목도 『아리랑(Song of Ariran)』이다. 현대 한국 문학의 대표적인 작가 조정래가 민족의 혈맥을 유려한 문장으로 전개한 대하장편소설의 제목 역시 『아리랑』이다.

한국전쟁 당시 처참한 전장에서도 〈아리랑〉은 울려 퍼졌다. 2023년 7월 27일 부산에서 열린 정전협정 70주년 기념식에서 한국전쟁 참전용사로서 〈아리랑〉을 부른 콜린 새커리(영국)는 "당시 전장에서 부르던 노래가 아리랑이었고, 전우들과 무슨 의미의 노래인지도 모른 채 기회가 될 때마다 함께 불러 이제는 한국을 떠올릴 때마다 아리랑이 생각난다"라고 당시 상황을 증언했다. 영국의 대표적인 오디션 프로그램인 '브리튼스 갓 탤런트(Britain's Got Talent)'에 최고령의 나이로 참가해 우승한 뒤 국민가수가 된 콜린은 1950년부터 1952년까지 약 2년 동안 한국전쟁에 참전했다.[1]

현재 국내외에서 채집된 〈아리랑〉은 약 186종 2,277연(聯)이다. 이렇게 다양하고 많은 판본이 있을 수 있는 이유는 〈아리랑〉이 자생(自生)한 민초들의 노래이기 때문이다. 앞으로도 얼마든지 더 발굴될 수 있다. 정본이 따로 있는 것도 아니고, 지역과 시대에 따라 노랫말이 얼마든지 바뀔 수 있기 때문이다. 그러나 노랫말이 바뀌고 노랫가락이 바뀌어도 그 본래의 정신은 변하지 않는다. 〈정선 아리랑〉, 〈진도 아리랑〉, 〈밀양 아리랑〉이 대표적이지만, 〈경기 아리랑〉 등 지역마다 달리 불리는 것도 수없이 많다.

음악적 관점에서 〈아리랑〉을 분류할 때 토속민요 〈아리랑〉과 신민요 〈아리랑〉을 구분하는 일이 중요하고, 〈아리랑〉의 뿌리 찾기와 뿌리로부터 생겨난 갈래를 찾는 일도 중요하다. 또 〈아리랑〉의 어원에 관한 전거(典據)를 확인하는 것도 필요하다.

지금 우리가 부르는 〈애국가〉의 작곡자 안익태의 친일과 친나치 행적이 드러났다. 이에 따라 〈아리랑〉을 새 애국가로 지정하자는 주장도 제기되어 관심을 받고 있다. 이 주장을 제기하는 사람들은 명실상부한 선진국이 되고 통일을 바라보면서, 남북한과 해외 교민들이 정서적으로 합치되고 역사성이 깊은 〈아리랑〉이 합리적인 대안이라고 말한다.

이 책에서는 〈아리랑〉의 역사를 알아보고, 후렴의 의미와 각 지역(해외 포함)에 분포된 사례 등을 살피면서, 한류 열풍의 중심에 아리랑 문화가 기여할 수 있는 방향을 찾고자 한다.

마지막으로 졸저를 꼼꼼하게 읽고 감수해주신 임진택 명창과 김태균 평론가에게 감사드린다. 감수와 더불어 덧붙여주신 과분한 말씀에 어깨가 더 무거워지지만 앞으로 더 정진하라는 채찍이라 여기며 붓을 놓는 날까지 붓끝이 무뎌지지 않도록 노력하겠다는 약속을 드린다.

차례

4. 분단과 독재 시대의 <아리랑>

5. <아리랑>, 예술로 꽃피다

6. 해외 동포 디아스포라 <아리랑>

7. 동질성과 이질성, 북녘의 <아리랑>

8. <아리랑>, 통일을 노래하다

9. <아리랑>, 애국가로 피어나다

10. 삼천리강산에 핀 <아리랑>

아리랑 아리랑 아라리요
아리랑 고개로 넘어간다
나를 버리고 가시는 님은
십리도 못 가서 발병난다

1. 〈아리랑〉은 우리에게 무엇인가?

화해와 극기의 민족정신 원형

고구려와 발해의 멸망 이후 반도 국가로 쪼그라들면서 이 땅의 민초들은 힘겨운 삶을 살아왔다. 그러나 그런 고난 속에서도 흥(興)과 가무(歌舞)를 놓지 않았다. 고대국가 부여에서는 추수가 끝난 12월에 모든 백성이 모여 하늘에 제사 지내고 추수를 감사하며 가무음곡(歌舞音曲)을 즐기는 '영고(迎鼓)'라는 행사를 열었다. 고구려에서는 '동맹(東盟)', 동예에서는 '무천(舞天)'이라는 이름으로 이와 비슷한 제천행사들이 열렸다.

고대부터 우리 조상들의 DNA에는 이렇듯 춤과 노래가 저장되어왔다. 이는 그토록 혹독한 내우외환을 겪으면서도 한민족이 이웃 대륙 민족들보다 강건한 독자성을 유지하는 비결이기도 하다. 그 중심에 특히 〈아리랑〉이 있었다.

〈아리랑〉의 기원은 아직 정확히 밝혀지지 않았다. 그 기원을 둘러싼 다양한 학설이 있으나 어느 것이 정설(定說)이라고 결론을 내리지 못한 상태이다. 이런 다양성은 〈아리랑〉이 겨레의 대표적인 노래라는 사실을 확인

할 수 있는 이유가 되기도 한다. '관(官)'이 만들었다면 권력이 사라지면서 노래의 운명도 다했을 것이나, 〈아리랑〉은 규격화된 형식에 구애받지 않고 수많은 다양한 버전으로 민중의 정서와 애환을 담아내며 여전히 전승되고 있기 때문이다.

〈아리랑〉은 한민족의 정서와 사유를 표현하면서, 기쁠 때는 '환조(歡調)'로 슬플 때는 '애조(哀調)'로, 만나서는 '애국가'로 헤어질 때는 '망향가'로 불린다. 또한 〈아리랑〉의 가락에는 갈등과 화해, 한(恨)과 원(願), 밝음과 어둠, 체념과 좌절을 넘어 극기(克己)와 소망이 담긴다.

일반적으로 〈아리랑〉은 비애와 체념이 주조(主潮)라고 알려져 있다. 그러나 〈아리랑〉은 우리 민족 정신사의 원형이라 할 수 있는 유능제강(柔能制剛, 부드러운 것이 오히려 능히 굳센 것을 이김)과 해원상생(解冤相生, 원통한 마음을 풀고 다 같이 잘 살아감)의 원리를 모티브로 삼고 있다. 우리가 잘 아는 〈아리랑〉의 노랫말을 한번 살펴보자.

아리랑 아리랑 아라리요
아리랑 고개를 넘어간다
나를 버리고 가시는 님은
십리도 못 가서 발병 난다

이 가사에서 알 수 있듯, 이별을 아파하고 배신을 원망하는 마음이 바라는 것은 고작 '발병'이다. 벼락을 맞거나 염병에 걸리라는 저주가 아닌 '발병'이다. 발병이 나면 어찌할 것인가. 다시 자기 곁으로 돌아올 수밖에 없을 것이다. 날 버리고 가는 임(님)이 결국 다시 돌아오기를 바라는 애틋

함과 소망이 〈아리랑〉의 본심이 아닐까? 이는 부드러움이 강함을 이기는 한민족 정서의 원형이다. 화해와 극기의 심원(深遠)한 철학이 가락으로 읊어진 것이다.

<아리랑>은 언제 만들어졌을까?

〈아리랑〉은 과연 무슨 뜻일까? 언제 만들어지고, 어떻게 전해졌으며, 왜 한국인은 이 노래를 그토록 좋아할까? '아리랑'이라는 이름은 영화나 연극, 드라마, 소설, 뮤지컬뿐만 아니라 담배, 군가, 여관, 잡지, 양복점과 점포, 그리고 술집 이름에도 사용된다. 그야말로 분야를 가리지 않고 수없이 많은 파생 상품을 만들어낸 히트 상표이다. 심지어 미국 작가 님 웨일스가 우리 독립운동가 김산(본명은 장지락)의 이야기를 기록한 책의 이름에도 '아리랑'이 쓰였다.

이런 '아리랑'의 어원(語源)이나 어의(語義)와 관련하여 지금까지 여러 가지 설이 제기되었다. 시대적으로는 저 멀리 신라 시대까지 거슬러 올라가, 박혁거세 왕비의 덕을 찬미하여 '알영' 또는 '아이영'으로 부르다가 후세에 '아리랑'으로 전이되었다는 설이 있다. 지역적으로는 〈밀양 아리랑〉의 본거지인 밀양에 아랑(阿娘)이라는 여성이 주인공인 전설이 입에서 입으로 전해져 내려오는데, 아리랑의 어원이 이 아랑이라는 등장인물에서 유래된 것이라는 설도 있다.

그 밖에도 흥선대원군이 경복궁을 중수할 때 부역꾼들이 사랑하는 아내와 떨어져 있는 것을 슬퍼하면서 '아리랑(我離娘)'하게 된 것이라는 설, 〈정선 아리랑〉의 무대인 정선의 선운산 거칠현동에서 고려말 유신 전오륜 등 일곱 명이 나라 잃은 한을 달래는 마음을 읊으면서 "누가 이 내 심정을 알리오…… 알아주소서……" 하는 말에서 비롯되었다는 설 등도 있다.

지금까지 제기된 '아리랑'의 어원(어의)과 이를 제기한 사람(또는 출처)을 정리하면 다음과 같다.

낙랑설(樂浪說) – 이병도(李丙燾)

알영설(閼英說) – 김지연(金志淵)

아리령설 – 양주동(梁柱東)

아라리설 – 정선(旌善)의 전설

아랑설(阿娘說) – 김재수(金載璹)

아이랑설(我離娘說) – 김덕장(金德長)

아난이설(我難離說) – 강대호(姜大鎬)

아이롱설(啞而聾說) – 남도산(南道山)

아이롱설(啞而聾說) – 권상로(權相老)

아미일영(俄美日英)설 – 일본 학자

아랑위설(兒郎偉說) – 이능화(李能和)

알랑·낭설(卵郎·娘說) – 최재억(崔裁億)

알(卵)설 – 서정범(徐廷範)

아린설(고향) – 이태규(李泰圭)

'아리고 쓰리다' 설 – 원훈의(元勳義)·서병하(徐丙夏)

후렴설 – 임동권(任東權) 등

아농설(我農說) – 권상로(權相老)

메아리설—김연갑(金練甲)[1]

학자에 따라서는 '아리랑'의 어원이나 어의와 관련하여 그 기원을 한자(漢字) 말에서 찾는 것을 비판하기도 한다. 필자도 순우리말로 보아야 할 '아리랑'을 한자 말에서 기원한 것으로 해석하는 모든 논의는 잘못되었다는 지적에 동의한다.

음악적으로는 〈아리랑〉의 후렴구를 고려가요 〈청산별곡〉의 후렴구 "얄리얄리 얄라셩"처럼 악기 소리를 표현하는 여음구(餘音句)로 보는 것이 타당해 보이며, 언어학적으로 접근하여 '아리'를 '노래' 또는 '소리'를 뜻하는 말로 해석하는 것도 나름대로 설득력이 있다고 본다.[2]

태초의 아리랑은 '흥얼거림'

기독교의 『요한복음』 제1장 제1절은 "태초에 말씀이 계시니라 이 말씀이 하나님과 함께 계셨으니 이 말씀은 곧 하나님이시니라"이다. 『태초에 노래가 있었다: 음악의 기원과 정신분석』을 쓴 쥘리에트 알뱅(Juliette Alvin)은 '하나님의 말씀'은 곧 '노래'라고 분석했다.

기독교에서 말하는 태초까지 가지 않더라도 인류 문명사는 민요와 함께 발전했다고 해도 지나치지 않는다. 우리나라의 경우 오래전부터 노래, 특히 각종 민요가 널리 불리고 발전해왔다.

민요란 원래 어느 개인의 감정이나 시상(詩想)에서 우러나는 것이 아니다. 민중이 공감하고 따르고 지지를 해야만 민요로서 생명력이 생긴다. 즉,

모두의 마음이 통할 수 있도록 표현되어야 민요가 만들어질 수 있다. 따라서 민요에는 특수성보다는 민중적 보통성과 대중성이 잘 반영되어 있다.

고정옥은 『조선민요연구』(서울: 수선사, 1949)에서 민요에 대해 다음과 같이 정의한다.

> 1. 개인에 대한 민(民), 즉 개인 대 집단의 민(民)
>
> 2. 군(軍)·관(官)에 대한 민(民), 즉 통치계급이 아닌 민중이며 인민
>
> 3. 국(國)에 대한 민(民), 국가의 노래가 아니고 민족의 노래
>
> 이는 곧 민요는 집단적·공동적으로 만들고, 인민 대중이 부르며, 민족의 전통적 피가 끊임없이 줄기차게 물결치는 노래라는 뜻이다. 민중이 함께 생활하며 느끼는 공통적인 생각이나 감정, 기쁨과 슬픔 등이 가슴속에 자연스럽게 싹트고, 그 생각과 마음이 '흥얼거림'을 통해서 밖으로 드러나게 된다. 그러므로 민요가 발전하거나 도태(淘汰)하는 문제는 인위적인 힘이 아니라 오직 민중적 집단만이 영향을 미칠 수 있다.[3]

민요 〈아리랑〉은 이 같은 풍토에서 자연발생적으로 태어난 것이어서 지은이는 따로 없다. 또 민중의 공감이 따르기에 도태되지 않고 수백 년 또는 수천 년 동안 전수되며 더 널리 퍼졌다.

『세종실록』에 따르면, 세종대왕 이전까지는 별도로 민요를 채집하거나 기록하지 않은 듯하다. 세종대왕에 이르러 '고대의 노래 채집하는 법'을 마련해 각 도와 각 마을에서 모든 민속 노래를 낱낱이 찾아내 수집하도록 했다. '짝 없는 사내'나 '한 많은 여자'의 노래까지 모두 샅샅이 찾아내도록 했다.

예조에서 아뢰기를, "성악(聲樂)의 이치는 시대 정치에 관계가 있는 것입니다. 지금 관습 도감(慣習都監)의 향악(鄕樂) 50여 노래는 모두 신라·백제·고구려 때의 민간 속어[俚語]로서 오히려 그 당시의 정치의 잘잘못을 상상해볼 수 있어서, 족히 권장할 것과 경계할 것이 되옵는데, 본조가 개국한 이래로 예악이 크게 시행되어 조정과 종묘에 아악(雅樂)과 송(頌)의 음악이 이미 갖추어졌사오나, 오직 민속 노래들의 가사를 채집 기록하는 법 마련이 없사오니 실로 마땅하지 못하옵니다. 이제부터 고대의 노래 채집하는 법[採詩之法]에 의거하여, 각 도와 각 고을에 명하여 노래로 된 악장이나 속어임을 막론하고 오륜(五倫)의 정칙에 합당하여 족히 권면할 만한 것과, 또는 간혹 짝 없는 사내나 한 많은 여자의 노래로서 정칙에 벗어난 것까지라도 모두 샅샅이 찾아내어서 매년 세말에 채택(採擇)하여 올려보내게 하옵소서" 하니, 그대로 따랐다.[4]

세종대왕이 민요의 중요성을 인식해 채록과 수집을 명했으나 시각은 어디까지나 군주 쪽이어서 한계가 있었다. 민요가 민중의 자연발생적이라는 측면도 이해하지 못했던 것 같다.

조선 후기의 실학자들은 민요에 나타나는 주체성을 높이 평가했다. 연암 박지원은 『연암집』에서 다음과 같이 극찬했다.

우리나라가 비록 구석지기는 하나 그래도 작지 아니한 나라이며, 신라나 고구려가 소박하나 인간의 아름다운 풍속도 많았다. 그 말을 글자 그대로 옮겨놓고 그 민요를 음률에다 맞추기만 하면 자연스레 문장을 이루어 참다운 맛이 나타날 것이다. 옛것을 본받거나 남의 것을 빌려올 것 없이 현재 있는 그대로를 가지고 모든 것을 잘 표현할 수 있을 것이다.

우리 민요 중에는 노동민요가 많다. 일할 때나 즐길 때 부르는 노래도 있고, 상여꾼들이 상여를 지고 가며 부르는 상여가 같은 의식요(儀式謠)도 있다. 그중 노동요(勞動謠)란 말 그대로 일할 때 흥을 돋우고 능률을 높이기 위해 부르는 민요이다. 민요의 기원을 노동요로 볼 때 민요 가운데 참된 민요는 노동요이다.[5]

노동요는 일하면서도 부르고 쉬면서도 불렀다. 개인에게는 일의 의욕을 북돋우고 삶의 즐거움을 일깨워주는 음악적이고 정서적인 의미가 담겨 있다. 또한 집단에는 더 큰 용기를 주고 노동의 능률을 높여주고 서로 화합하도록 해주어 공동체 의식을 고취하기도 했다. 노동요에는 이렇게 개인적 의미와 사회적 의미가 공존했다.[6]

역사적 생명력을 갖는 민요

우리에게는 역사적으로 오래된 가요, 민요, 가곡, 타령 등이 적지 않다. 그러나 세월이 흐르면서 대부분 잊히고, 우리 문학사에 기록되거나 교과서에 실려 후대에 전해지는 것은 드물다. 한 시대를 풍미한 뒤에도 잊히지 않고 '역사적 생명력'을 갖는 경우는 극소수일 뿐이다. 그중 몇 곡을 뽑아보면 다음과 같다.

한국 시가(詩歌) 중 가장 오래된 노래는 고조선 때 지어진 〈공무도하가(公無渡河歌)〉이다. 머리가 하얗게 센 미친 사람(白首 狂夫, 백수 광부)이 강을 건너다가 빠져 죽자 그의 아내가 이를 한탄하면서 불렀는데, 이를 뱃사공 곽리자고(藿里子高)가 듣고 그의 아내인 여옥(麗玉)에게 들려주자 곡조를 만들어 불렀다고 한다(작자를 여옥으로 보는 설도 있다). 〈공후인(箜篌引)〉이라고도 부른다. 〈구지가〉, 〈해가〉, 고구려의 유리왕이 지은 〈황조가〉, 〈정읍사〉와 함께 고대 가요에 속하면서도, 문헌으로 남아 있는 고대 가요 중에 가장 오래된 서정 시가이다.

공무도하가(公無渡河歌)

公無渡河 공무도하 (임아, 그 물을 건너지 마오)

公竟渡河 공경도하 (임은 기어코 물을 건너셨네)

墮河而死 타하이사 (물에 빠져 돌아가시니)

當奈公何 당내공하 (가신 임을 어이할꼬)

임이 떠나지 않기를 애원했으나 임은 끝내 물을 건너다 세상을 떠났다. 이를 한탄하며 부른 노래이다. 그래서 소위 '아리랑 정서'의 원형에 해당하는 시가라고 평가받는다.

시간을 훌쩍 뛰어넘어 고려 시대로 오면 〈청산별곡(青山別曲)〉과 〈가시리〉라는 고려가요(高麗歌謠), 고려속요(高麗俗謠)가 있다. 두 노래는 모두 고려 시대부터 조선 초기까지의 속악(俗樂)과 가곡(歌曲)을 수록한 책 『악장가사』에 실려 있다.

먼저, 〈청산별곡〉은 모두 8연으로 이루어져 있는데, 그중 네 연을 감상해보자.

청산별곡

살어리 살어리랏다

청산에 살어리랏다

멀위랑 두래랑 먹고

청산에 살러리랏다

　　　얄리얄리 얄라셩 얄라리 얄라

우러라 우러라 새여

자고 니러 우러라 새여

널라와 시름 한 나도

자고 니러 우니로라

　　　얄리얄리 얄라셩 얄라리 얄라

가던 새 가던 새 본다

믈 아래 가던 새 본다

잉무든 장글란 가지고

믈 아래 가던 새 본다

　　　얄리얄리 얄라셩 얄라리 얄라

이링공 뎌링공 ᄒᆞ야

나즈란 디내와손뎌

오리도 가리도 업슨

바므란 쏘엇디 호리라

　　얄리얄리 얄라셩 얄라리 얄라 (…)

현실 도피의 비애를 애상적이고 체념적으로 노래했다. '얄리얄리 얄라
셩 얄라리 얄라'는 반복되는 후렴인데, 이는 고려가요의 형식적 특징이다.

〈가시리〉는 사랑하는 사람과 이별한 것을 안타까워하며 부른 노래로,
모두 4연으로 구성되어 있다.

가시리

가시리 가시리잇고 나는
브리고 가시리잇고 나는
　　위 증즐가 태평셩디(大平盛代)

날러는 엇디 살라ᄒ고
브리고 가시리잇고 나는
　　위 증즐가 태평셩디(大平盛代)

잡ᄉ와 두어리마ᄂᆞᆫ
선ᄒ면 아니 올셰라
　　위 증즐가 태평셩디(大平盛代)

셜온님 보내ᅌᅳ노니 나는

가시는 둣 도셔 오쇼셔 나는

　　위 증즐가 태평셩되(大平盛代)

　이별의 정한을 노래한 고려가요인 〈서경별곡(西京別曲)〉에는 수많은 〈아
리랑〉의 정서가 묻어 있다.

서경별곡

西京(서경)이 아즐가 西京이 셔울히 마르는

　　위 두어렁셩 두어렁셩 다링디리

닷곤되 아즐가 닷곤되 쇼셩경 고외마른

　　위 두어렁셩 두어렁셩 다링디리

여히므론 아즐가 여히므론 질삼뵈 브리시고

　　위 두어렁셩 두어렁셩 다링디리

괴시란되 아즐가 괴시란되 우러곰 좃니노이다

　　위 두어렁셩 두어렁셩 다링디리

구스리 아즐가 구스리 바회예 디신둘

　　위 두어렁셩 두어렁셩 다링디리

긴히 쏜아즐가 긴히　그츠리잇가 나는

　　위 두어렁셩 두어렁셩 다링디리

즈믄 히를 아즐가 즈믄 히를 외오곰 녀신둘

　　위 두어렁셩 두어렁셩 다링디리

信(신)잇돈 아즐가 信잇돈 그츠리잇가 나논
　　위 두어렁셩 두어렁셩 다링디리

大同江(대동강) 아즐가 大同江 너븐디 몰라셔
　　위 두어렁셩 두어렁셩 다링디리
빈내여 아즐가 빈내여 노혼다 샤공아
　　위 두어렁셩 두어렁셩 다링디리
네 가시 아즐가 네 가시 럼난디 몰라셔
　　위 두어렁셩 두어렁셩 다링디리
널 빈예 아즐가 널빈예 연즌다 샤공아
　　위 두어렁셩 두어렁셩 다링디리
大同江 아즐가 大同江 건넌편 고즐여
　　위 두어렁셩 두어렁셩 다링디리
빈 타들면 아즐가 빈 타들면 것고리이다 나논
　　위 두어렁셩 두어렁셩 다링디리

　그리고 조선시대에 들어서 이런 정서를 담은 판소리들이 사람들의 많
은 사랑을 받았다. 그중 두 편을 들어본다.

사랑가

사랑 사랑 니사랑이야
동정칠백 월하초의 무산갓치 노푼사랑

목단무변슈의 여쳔창히갓치 지푼사랑

옥산견 달발근듸 츄산천봉 원월사랑

증경학무 하올젹 차문취소 하던사랑

유유낙일 월염간의 도리화기 비친사랑

셤셤초월 분빅한듸 함교함틱 숫한사랑

월하의 삼생연분 너와나와 만난사랑

화우동산 목단화갓치 평퍼지고 고은사랑

연평바듸 그물갓치 얼키고 매친사랑

은하직녀 직금갓치 올올이 이은사랑

청루미녀 침금같이 혼솔마다 감친사랑

시냇가 수양같이 청 처지고 늘어진 사랑

남창북창 노적갓치 다물다물 쌓인사랑

은장옥장 장식갓치 모모이 잠긴사랑

연산홍록 봄바람의 허물업난 부부사랑

십장가(十杖歌)

일정지심 잇사오니 이리하면 변할테오

이부아니 섬긴다고 이거죠난 당티안쇼

삼강이 즁하기로 삼가히 본바닷쇼

사지를 찢드래도 사쏘의 쳐분이오

오장을 잘나주면 오족히 좃소릿가

육방하인 무려보오 육시하면 될터인가

칠사중의 업난공사 칠때로만 쳐보시오

팔면부당 못될일을 팔작팔작 쒸어보오

구중분우 관장되야 구진짓을 구만하오

십발지목 밋자마오 십은 아니 줄터이니[7]

우리 전통 풍속 중에는 설, 대보름, 단오 그리고 팔월 한가위 같은 대표적인 명절에 여성들이 손에 손을 잡고 원을 그리며 빙빙 돌면서 춤을 추고 노래를 부르는 풍습이 있었다. 주로 우리나라 남서부 지역에서 행해지는 이 풍속을 '강강술래'라 부른다. 2009년에 유네스코 인류무형문화유산으로도 지정되었다. 강강술래는 '강강술래'라는 후렴구에서 그 이름이 유래했으나 정확한 의미는 지금까지 알려진 것이 없다.

대중적으로 널리 알려진 유래들 중 몇 가지만 살펴보면 다음과 같다. 먼저, 이순신 장군이 왜적에게 우리 군인의 수를 많아 보이게 하기 위한 위장전술의 하나로 여자들을 동원하여 유희를 하게 한 데서 비롯되었다는 설이 있다. 이순신 장군이 국난을 극복하기 위한 민심통일의 한 방안으로 이 유희를 창안했다는 설도 전해진다. 또한 아군의 사기와 대일 적개심을 앙양할 목적으로 만들었다는 설도 있다.

전라도 강진 지역에서 강강술래를 하면서 불렀던 노래 중 하나를 감상해보자.

강강술래

저건네라 왕대밭에 강강술래

큰비둘기 알을나여 강강술래

지나가는 대별선이 강강술래

바라보고 만져보고 강강술래

놓고가는 저선비야 강강술래

첫아들을 낳거들랑 강강술래

전라감사 사란다네 강강술래

둘째딸을 낳거들랑 강강술래

평안감사 아내주소 강강술래

고종의 아버지 흥선대원군은 섭정의 자격으로 정권을 잡으면서 왕실의 권위를 세우기 위해 임진왜란 때 불에 타 소진된 경복궁 중건에 착수했다. 2년 만에 중건이 완료된 경복궁은 당시 조선 1년 예산의 10배가량 되는 막대한 금액이 투입되었다.

이를 위해서 흥선대원군은 원납전(願納錢, 대원군이 경복궁 중수를 위하여 백성들로부터 강제로 거두어들였던 기부금)을 걷고, 당백전(當百錢, 경복궁 중건으로 인한 재정적 궁핍을 해결하기 위하여 대원군이 만든 화폐로, 법정 가치는 상평통보의 100배였지만 실제 가치는 이에 크게 미치지 못하여 화폐 가치의 폭락을 가져옴)을 발행하는 등 무리한 정책을 강행했다. 또한 전국의 백성들을 노임도 주지 않고 동원하면서 원성이 하늘에 메아리쳤다.

그때 백성들은 세상을 풍자하며 〈경복궁 타령〉을 불렀다. 이 노래에는 민초들의 고통이 서려 있다. 다음은 〈경복궁 타령〉의 일부이다.

경복궁 타령

경복궁 새 대궐 짓는 데
헛방아 찧는 소리다

조선의 여덟도 좋다는 나무는
경복궁 짓느라고 다 들어간다

석수쟁이 거동을 보소
방망치를 갈라 잡고 눈만 꿈벅거린다

도편수란 놈의 거동을 보소
먹통을 들고 갈팡질팡한다

대문 열고 바라 둥당 치니
계명산천에 날이 살작 밝았네

남대문 밖에 떡 장수들아
한 개를 베어도 큼직큼직이 베어라

남대문 밖에 막걸리장사야
한 잔을 걸려도 큰애기 솜씨로 걸러라

창포밭에 금잉어 논다 금실금실 잘 논다
화란춘성 봄 바람에 너훌너훌 나비 논다[8]

경복궁 중건은 〈아리랑〉의 확산에도 영향을 끼쳤다. 〈아리랑〉 연구가
들에 따르면, 〈아리랑〉은 경복궁 중건 당시 팔도에서 모인 백성들이 함께
불렀던 〈아리랑 타령〉이 인기를 얻으면서 이후 전국으로 확산하는 계기
가 되었다. 각지에서 자생적으로 불리던 노래가 가사를 달리하면서 각지
로 퍼지게 되었다 한다.

아리랑 타령

이씨의 사촌이 되지 말고
민씨의 팔촌이 되려무나
    아리랑 아리랑 아라리요
    아리랑 배 띄여라 노다 가세

남산 밑에다 장춘단을 짓고
군악대 장단에 받들어총만 한다
    아리랑 아리랑 아라리요
    아리랑 배 띄여라 노다 가세

아리랑 고개다 정거장 짓고
전기차 오기만 기다린다

아리랑 아리랑 아라리요
아리랑 배 띄여라 노다 가세

문전의 옥토는 어찌되고
쪽박의 신세가 웬말인가
　　아리랑 아리랑 아라리요
　　아리랑 배 띄여라 노다 가세

밭은 헐려서 신작로 되고
집은 헐려서 정거장 되네
　　아리랑 아리랑 아라리요
　　아리랑 배 띄여라 노다 가세

말깨나 하는 놈 재판소 가고
일깨나 하는 놈 공동산 간다
　　아리랑 아리랑 아라리요
　　아리랑 배 띄여라 노다 가세

아깨나 낳을 년 갈보질하고
목도깨나 메는 놈 부역을 간다
　　아리랑 아리랑 아라리요
　　아리랑 배 띄여라 노다 가세

신작로 가상다리 아까시남근
자동차 바람에 춤을 춘다
　　아리랑 아리랑 아라리요
　　아리랑 배 띄여라 노다 가세

먼동이 트네 먼동이 트네
미친놈 꿈에서 깨어났네
　　아리랑 아리랑 아라리요
　　아리랑 배 띄여라 노다 가세[9]

　이 노래에서 '이씨(李氏)'는 고종을 가리키고, '민씨(閔氏)'는 민비를 가리
킨다. 후렴에는 당시 백성들의 향락적, 체념적, 회피적 태도가 잘 드러나
있다.

2. 〈아리랑〉의 역사, 시련을 넘어 흐르는 〈아리랑〉

동학혁명기의 〈아리랑 타령〉

"우리 것이라서 저절로 알고, 다 아는가? 아니다. 아름다움은 그냥 오지 않는다. 아름다움의 '아름'은 '알음'이자, '앓음'이다. 앓지 않고 아는 아름다움은 없다."

한국미술사학자 혜곡 최순우 선생을 기리는 책 『나는 내 것이 아름답다』의 서두에 나오는 내용이다. "'아름'은 알음이자, '앓음'이다"라는 대목에서 필자의 시선은 고정되었고, 가슴이 뜨거워졌다. '아리랑'에 얽힌 사연을 알게 되면서 갖게 된 감정이다.

아리랑의 의미망(意味網)은 여러 갈래의 사소한 줄과 고리로 이어져 있다. 무슨 거창한 인생관·세계관·우주관, 고도의 철학적 사유와 논리에 바탕을 두고 있지 않다. 아리랑은 제대로 배우지 못한 민중들의 소유이기에 그럴 능력도 없거니와 약할 수밖에 없다.

꺾인 꽃대를 보고, 비 맞은 들새를 보고, 연민의 정을 보낸다. 불의를 보면 의분한다. 억울함을 당하면 분노한다. 갖고 싶은 것은 갖고자 한다. 고통과 갈등을 풀기 위해 최선을 다한다. 푸는 길이 존재 획득과 존재 지속의 길임을 명철하게 꿰뚫고 있기 때문이다.[1]

민초들이 즐겨 부르는 아리랑은 어느 측면 '앓음'의 노래였다. 앓으면서 맺힌 것을 풀고자 하는 신원(伸寃)이었다. 포악한 관리들에게, 때로는 무자비한 외세에 시달리며 살아온 백성들의 '앓음'이고 하소연이었다.

벽에 부딪히면 그 벽을 깨는 데 최선을 다한다. 여의치 않으면 피해서 돌아간다. 피할 수도 없는 벽에 또 부딪히면 주저앉는다.

그리고 한가(恨歌)와 원가(怨歌)로 본풀이를 한다. 남 보기에는 패배자로 보일 것이나 결코 패배자일 수 없다고 몸부림친다.

몸부림치는 절규가 아리랑이요, 풀이하는 메시지가 아리랑이다. 아리랑은 결한(結恨)과 결원(結怨)을 넘어서서 해한(解恨)과 해원(解怨)에 초점을 두고 있다.

아리랑은 한 맺힘이 아니라 한풀이에 목표를 두고 있기 때문에 작은 자아를 큰 자아로 상승지향시키는 것이다.[2]

중국의 고전 『시경(詩經)』에는 "세상이 잘 다스려질 때의 노래는 편안하고 즐거우니 그때의 정치는 화애로우며, 세상이 어지러운 때의 노래는 원망하고 노여우니 그때의 정치는 잘못되어 있으며, 나라가 망할 때의 노래는 애처롭고 생각에 잠기게 하니 그때의 백성들은 곤궁에 빠져 있다"라는 내용이 있다. 편안할 때보다 괴로울 때가, 즐거운 시절보다 고통스러운 시기가 훨씬 많았던 이 땅의 민초들에게 노래는 위안이고 진정제이며 새로운 활력이었다.

노래는 민중의 삶에서 비롯되었고, 다시 민중의 삶에 더 깊숙이 파고들었다.

> '노래'라는 단어는 원래 '놀이'와 함께 '놀다'라는 동사에서 파생한 명사형이다. 그러니까 노래는 일종의 '노는 행위'라는 의미가 되는데, 여기서 노는 행위 즉 놀이는 일상적 노동으로부터의 해방과 새로운 노동의 준비, 즉 노동의 재창조(Recreation) 과정으로서의 놀이이다. 결국 노래라는 말 자체가 노동 즉 민중적 삶을 전제로 하며 동시에 해방과 창조의 의미를 지니고 있다는 말이 된다.[3]

동학농민혁명 시기에는 수많은 노래, 민요, 참요 등이 불렸다. 당시 불렸던 노래 중에서 가장 널리 알려진 것은 〈한오백년〉이다. 〈한오백년〉은 청산리전투를 승리로 이끈 김좌진 장군이 즐겨 부르던 노래이기도 한데, 결전을 앞두고 〈한오백년〉을 다 같이 부르며 항일 의지를 끌어올렸다고 한다. 〈한오백년〉의 가사를 음미해보자.

한오백년

발 아파서 못 신던 미투리신
고무신 바람에 도망을 친다
　　아무렴 그렇지 그렇구말구
　　짚신장사 김첨지 밥 굶는다

삼대째 내려오던 놋그릇 대통

양궐련 바람에 도망을 한다

　　아무렴 그렇지 그렇구말구

　　양궐련 연기에 집 떠나간다

김 잘매고 베 잘짜는 맏며느리는

양갈보 바람에 도망을 한다

　　아무렴 그렇지 그렇구말구

　　정강치마 수통다리 꼴보기 싫다

매끈매끈 먹기 좋은 입쌀은

호밀조 바람에 도망을 한다

　　아무렴 그렇지 그렇구말구

　　이밥 먹기 좋은 줄 누가 몰라

주머니 지키던 구리돈 한푼

아리랑 타령에 도망을 한다

　　아무렴 그렇지 그렇구말구

　　한오백년 살쟀더니 왜 도망했나[4]

　우리 민요 연구에 선구적인 역할을 한 임동권에 따르면, 〈아리랑〉에 관
련한 노래로는 〈아르랑 타령〉이 기록상 처음이라 한다.

민요 아리랑은 한국 민요의 대표적인 노래이면서 그 기원을 찾기가 어려운 일이며, 문헌에서는 그 가사를 찾아볼 수 없고 다만 이 노래가 기록으로는 처음이다. 주제가 현전하는 아리랑과 대동소이하나 후렴이 '아르랑'으로 되어 있는 것은 흥미 있는 일이다. '르'와 '리'가 비슷하다고는 하지만 원래의 형(型)을 찾는 데 있어서의 한 자료가 될 것이다.[5]

그럼, 〈아르랑 타령〉은 어떤 노래이고, 가사는 어떤 내용으로 구성되었을까?

아르랑 타령

아르랑 아르랑 아라리요
둥기덩실 노다 가게, 노다 가면 득실(得失)있지

아르랑 아르랑 아라리요
아르랑 타령을 정 잘하면 이십 전(前) 처녀를 너를 주마

아르랑 아르랑 아라리요
아리랑 고개다 집을 짓고 정든 낭군을 기다린다

아르랑 아르랑 아라리요
아르랑 타령을 누가 냈노, 건방진 큰애기 내가 냇네

아르랑 아르랑 아라리요

담넘에 갈 때 짓든 개는 인왕산 호랑이 꼭 물어가게

　　아르랑 아르랑 아라리요

품안에 우는 달은 야산에 족제비 꼭 물어가게

　　아르랑 아르랑 아라리요

진천(鎭川) 방골 큰애기 봉채를 받고 뻐드러졌구나

　　아르랑 아르랑 아라리요

마고자 실갑에 양총(洋銃) 메고, 북망산 접전(接戰) 가세

　　아르랑 아르랑 아라리요

고부 백산 접전시에 알뜰한 군병이 다죽었네

　　아르랑 아르랑 아라리요

띄어라 배 띄어라, 만경창파 운무중에

　　아르랑 아르랑 아라리요

인의예지 배를 모아, 충신열사 돛을 달아

　　아르랑 아르랑 아라리요

효자충노 배를 지어, 어데 간들 파선할까

아르랑 아르랑 아라리요
저 달은 둥둥 산 넘어가고, 님의 소식 막연하다

아르랑 아르랑 아라리요
네가 절세미인이냐, 내 눈이 어두워 미인일세

아르랑 아르랑 아라리요
간다 간다 나는 간다, 님을 버리고 내가 간다

가사 중에 '고부 백산 접전시' 운운하는 내용이 들어 있는 것으로 보아 이 노래는 동학농민혁명 이후에 지어진 작품으로 보인다. 또 다른 〈아르랑 타령〉을 들어보자.

아르랑 타령

아르랑 아르랑 아라리요
아르랑 철철 비내려 주게
아르랑 고개다 술막을 짓고
정든 임 오시기를 고대고대한다[6]

동학농민혁명 당시 경상도 김천에서는 〈동학란의 노래—아리랑〉이 불렸다고 한다.

아리랑

할미성 꼭대기 진을 치고
왜병정 오기만 기다린다

오라배 상투가 왜 그런고
병자년 지내고 안 그런가

개남아 개남아 진개남아
수많은 군사를 어데두고
전주야 숲에는 유시했노

봉준아 봉준아 전봉준아
양에야 양철을 짊어지고
놀미 갱갱이 패전했네[7]

≪대한매일신보≫에 실린 <아리랑>

조선 말기 국운이 위태로워지자 안창호를 비롯해 양기탁, 전덕기, 이
동휘, 이동녕, 이갑, 유동열 등 우국지사들은 국권 회복을 목적으로 비밀
결사단체인 신민회를 조직하고, 기관지로 ≪대한매일신보≫를 창간했다.
≪대한매일신보≫는 영국인 배설(어니스트 베델의 한국 이름)을 내세우고 박은

식과 신채호 등이 필진으로 활약하면서 민족정신을 고양하고 친일매국 세
력을 신랄히 비판했다.

≪대한매일신보≫에는 많은 계몽 논설과 시가들이 실렸다. 때로는 다
음과 같은 〈아르랑 타령〉이 지면을 채우기도 했다.

아르랑 타령

아르랑 아르랑 알알이오
아르랑 철철 배 띄워라
아르랑타령 정 잘하면
동양 삼국이 평화되네

아르랑 아르랑 알알이오
아르랑 철철 배 띄워라
우리 삼국은 형뎨갓치
동종동문에 친밀일세

아르랑 아르랑 알알이오
아르랑 철철 배 띄워라
요힝 일본이 기명된 것
다항인줄노 알앗더니

아르랑 아르랑 알알이오

아르랑 철철 배 띄워라
황뵉인죵의 분간잇셔
황화지셜이 흉도만타

아르랑 아르랑 알알이오
아르랑 철철 배 띄워라
미국상황이 우동문뎨
지금까지도 싯못나고

아르랑 아르랑 알알이오
아르랑 철철 배 띄워라
덕국황뎨의 연셜에도
일영동망을 스려힛네

아르랑 아르랑 알알이오
아르랑 철철 배 띄워라
아국셔도 니를 갈며
다시싸흠 흉자훌듯

아르랑 아르랑 알알이오
아르랑 철철 배 띄워라
청국셔도 각학교에
일본교스를 빗쳑흉네

아르랑 아르랑 알알이오
아르랑 철철 배 띄워라
적은 눈을 크게 쓰고
천하대셰를 슯혀보게

아르랑 아르랑 알알이오
아르랑 철철 배 띄워라
동양인종 흔사람도
죽눈 것이 가셕흔딘

아르랑 아르랑 알알이오
아르랑 철철 배 띄워라
한국사람 무슴죄로
죽일 일은 무엇인가

아르랑 아르랑 알알이오
아르랑 철철 배 띄워라
셔로밋고 스랑흔 일
젼공가셕이 안인가

아르랑 아르랑 알알이오
아르랑 철철 배 띄워라
병력으로 싸홈말고

도덕으로 화목ᄒᆞ세

　　아르랑 아르랑 알알이오
　　아르랑 철철 배 띄워라
방휼샹지 되다가는
어인지공이 무셥도다

　　아르랑 아르랑 알알이오
　　아르랑 철철 배 띄워라
우리나라ᄂᆞᆫ 빈약ᄒᆞ여
딕뎍ᄒᆞ지ᄂᆞᆫ 못ᄒᆞᆯ지나

　　아르랑 아르랑 알알이오
　　아르랑 철철 배 띄워라
이쳔만인 피 쑤릴ᄯᅢ
동양풍운이 니러나셔

　　아르랑 아르랑 알알이오
　　아르랑 철철 배 띄워라
오ᄂᆞᆯ 우리 망ᄒᆞᆫ다면
리일넌도 망ᄒᆞᆯ지라

　　아르랑 아르랑 알알이오

아르랑 철철 배 띄워라
나 망ㅎ고 너 망ㅎ면
무솜 쾌ㅅ가 된단말가

아르랑 아르랑 알알이오
아르랑 철철 배 띄워라
멸국신법도 쓸곳 잇지
류구국 뒤만은 웨 멸ㅎ나

아르랑 아르랑 알알이오
아르랑 철철 배 띄워라
무예 슝샹은 ㅎ엿스나
도덕지심은 젼혀 업네

아르랑 아르랑 알알이오
아르랑 철철 배 띄워라
권능 만으신 하ᄂ님은
동양 인죵을 도라보샤

아르랑 아르랑 알알이오
아르랑 철철 배 띄워라
뎌의 ㅁ옵을 감화시혀
평화되게 ㅎ옵소셔[8]

조선 말기에 일제 침략이 노골화되면서 나라가 위태로워지자 전국 각 지에서는 항일 의병 활동이 활발하게 일어났다. 이때 의병들은 궐기하면 서 〈의병 창의가〉 같은 노래를 부르며 전의를 북돋웠다. 이런 노래들은 곧 항일구국 가요의 시초가 되었다.

강원도 춘천에서도 의병 활동이 거세게 일었다. 특히 춘천에서 의병들 의 사기를 북돋운 노래 중에 〈의병아리랑〉이 있다. "비록 〈의병아리랑〉이 라고 분명하게 기록되어 전해오는 것은 아니지만, 그중에서도 1896년 가 장 앞서 탄생된 성익현의 〈춘천 아리랑〉은 최초의 본격적인 〈춘천 의병아 리랑〉으로 수렴된다. 이의 뒤를 이은 춘천인 목형신의 춘천 노래, 김정삼 노래, 최천유 노래가 의병 진중에서 애국과 구국, 승리와 만세를 기원한 메시지로 충일되어 있어 〈춘천 의병아리랑〉임이 확연하게 드러난다."[9]

성익현은 춘천 출신으로 1886년에 무관에 급제하여 춘천지어영의 초관 을 지냈다. 1895년에 을미사변이 일어나고 단발령이 확산하자 1896년 1 월에 춘천에서 유생을 중심으로 의병이 일어났고 성익현도 이에 참가했 다.[10] 〈춘천 의병아리랑〉의 가사는 다음과 같다.

춘천 의병아리랑

춘천아 봉산아 너 잘있거라
신연강 배터가 하직일세
　　아리랑 아리랑 아라리요
　　아리랑 고개로 넘어간다

싸리재 아흔아홉구비 우리 복병
삼악산아 우리 군대를 보호해다오
　　아리랑 아리랑 아라리요
　　아리랑 고개로 넘어간다

우리네 부모가 날 기르실제
성대장 줄려구 날 기르셨나
　　아리랑 아리랑 아라리요
　　아리랑 고개로 넘어간다

귀약통 납날개 양총을 메고
벌업산 대전에 승전을 했네
　　아리랑 아리랑 아라리요
　　아리랑 고개로 넘어간다[11]

　이 시기 춘천 의병들 사이에서는 또 다른 〈의병아리랑〉이 불렸다. 이 노래는 누가 만들었는지 알려지지 않았다.

의병아리랑

　　아리랑 아리랑 아라리요
　　아리랑 얼싸 배띄어라

나라 없이 살 수 없네 나라 살려보세
조상 없이 살 수 없네 조상 살려보세
　　아리랑 아리랑 아라리요
　　아리랑 얼싸 배띄어라

살 수 없다 한탄 말고 왜놈을 잡아
임금 앞에 꿇어앉혀 우리 분을 푸세
　　아리랑 아리랑 아라리요
　　아리랑 얼싸 배띄어라

잊지마라 명예도 지위도 다 버리고
이 강산 굳게 굳게 지켜나다오
　　아리랑 아리랑 아라리요
　　아리랑 얼싸 배띄어라

동녘에 둥근달아 우리 우리 군대
명랑하게 두고 두고 비추어다오
　　아리랑 아리랑 아라리요
　　아리랑 얼싸 배띄어라

우리가 무슨 무슨 잘못이 있어
우리의 왕비를 해하였느냐
　　아리랑 아리랑 아라리요

아리랑 얼싸 배띄어라

송죽같은 봉위산 억만년 지나도
조국의 하날 높이 우렁차게 불어다오
　　아리랑 아리랑 아라리요
　　아리랑 얼싸 배띄어라

금수야 강산아 조국의 땅이거든
우리의 군대를 보존하여다오
　　아리랑 아리랑 아라리요
　　아리랑 얼싸 배띄어라

춘천에 비친 달아 우리 군대를
청명하게 환하게 비추어다오
　　아리랑 아리랑 아라리요
　　아리랑 얼싸 배띄어라

금수야 강산아 너도 조국 땅이거든
굳게굳게 이 나라를 지켜나다오
　　아리랑 아리랑 아라리요
　　아리랑 얼싸 배띄어라

이 몸은 송죽같이 되겠노라고

잊지마자 명산대천 조국을 지켜다오

　아리랑 아리랑 아라리요

　아리랑 얼싸 배띄어라[12]

친일 매국노 규탄 노래

1905년에 을사늑약이 강제되고 조선은 사실상 일제 식민지로 전락했다. 그러자 을사오적을 규탄하는 노래들이 사람들 사이에서 나돌았다. 나라를 팔아먹은 이완용 내각(內閣)에 권고(勸告)한다는 제목으로 이들을 비판하는 노래도 있었다. 지난 일은 어떠하든지 지금에라도 회개하라는 내용도 들어 있다.

권고 현내각(勸告現內閣)

이완용씨 드르시오

총리대신이면 지위가

일인지하 만인지상에

그 책임이 어떠할까

수신제가 못한 사람

치국인들 잘할손가

전일사(前日事)는 여하턴지

금일부터 회개하야

을사오적. 윗줄 왼쪽부터 이완용, 박제순, 이지용, 아랫줄 왼쪽부터 이근택, 권중현.

가정풍기 바로잡고

백도(百度) 정무 유신하야

중흥공신 되어보소

이완용의 행태를 신랄하게 비판하고 있다. 이런 식으로 이완용을 비롯해 박제순, 이지용, 이근택, 권중현 등 을사오적(乙巳五賊)을 비판하거나 저주하는 노래들이 만들어져 사람들 사이에 퍼졌다.

조선 말기에 만들어진 일진회(一進會)는 이용구, 송병준, 윤시병 등을 중심으로 친일 활동을 노골적으로 벌인 매국노들의 집단이다. 러일전쟁 때

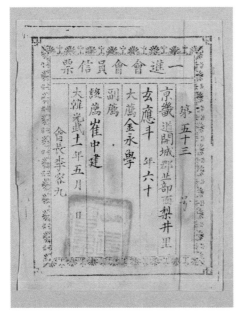

일진회 회원 신표(一進會 會員 信標)(국립중앙박물관).

일본군의 앞잡이 노릇(송병준은 일본에 망명해 있다가 러일전쟁이 벌어지자 주한 일본군
사령부의 통역 자격으로 귀국했다)을 시작으로 1905년 을사늑약을 지지 선언하고,
한국병탄을 공공연히 주장했다. 이완용 내각과 조선통감 이토 히로부미
에게 병탄을 청원하는 등 매국 행위를 일삼아 국민들의 지탄을 받았다.

　　이런 일진회가 사람들의 비판과 조롱의 대상이 되는 건 당연했다. 사람
들은 일진회를 직접 규탄하는 〈일진회야〉라는 노래를 지어 불렀다.

일진회야

　　일진회야 일진회야 너도 역시 인류로다

선언서를 발표 후에 매국적만 될 뿐이오
아국(俄國)전쟁 종군시에 허다 생명 피살하야
타향 광혼(狂魂) 슬피 운다
노예 복역이 이러한들 무슨 소득 있겠느냐
이해상의 관계로도 번연 퇴회할 것이오

일제가 조선을 침략해 통감부를 설치하면서 모든 것이 그들에게 장악되었다. 따라서 친일 매국노들에 대한 직설적인 언어보다 은어를 사용하는 경우가 많았다. 그만큼 시대가 각박해진 결과였다. 〈천안삼거리 흥타령〉 가락에 매국노 송병준을 비아냥거리는 은유적인 가사를 담은 노래가 대표적이다.

병어 준치 흥

떼 많은 송사리 흐응
병어 준치 흐응
일진(日辰)을 잘 희여
회쳐 먹을까 아
어리화 됴타 흐응
지화자 됴쿠나 흐응

일배일배 장진주하여
회빈 작주하사이다

유주무히(有酒無肴) 하거들랑

고기잡아 회쳐볼까

전천(前川)에 떼많은 송사리

병어 준치 모두 낚아

송병준을 어물(魚物)인 송사리, 병어, 준치에 빗대어 회를 쳐서 먹겠다고 할 만큼 강력한 비판의 소리였다. 그런가 하면 침략의 원흉 이토 히로부미(伊藤博文, 이등박문)를 숫자를 들어 증오하는 노래도 널리 유행했다.

십진가

일, 일본놈의

이, 이등박문이가

삼, 삼천리 강산에서

사, 사주가 나빠

오, 오대산을 넘다가

육, 육철포를 맞고

칠, 칠십 먹은 늙은이가

팔, 팔자가 사나워

구, 구두발로 채워

십, 십자가리(열조가리)가 났다[13]

이 노래는 안중근 의사의 총탄에 죽은 이토 히로부미를 조롱하며 지은 것으로, '육철포'는 '육혈포' 즉 권총을 말하는 것으로 보인다.

한편, 만주의 우리 동포들이 세운 민족학교에서도 이토 히로부미를 저주하는 노래를 지어 불렀다. 이 역시 십진법을 활용해 만들었다.

십진가

1, 일본놈의
2, 이등박문
3, 삼천리 강산을 삼키려 날뛰다
4, 사처로 찾아다니던 안중근이
5, 오래 동안 기다리던 할빈역에서
6, 류혈포로 쏴넘겨놓으니
7, 칠성구멍으로 피를 토하며
8, 팔작팔작 죽어가는 이등을
9, 구름같이 뫃인 사람들 앞에서 / 이등의 모가지를 디디고 만세
10, 열 번 다시 죽어도 속만 시원해라[14]

국내외에서 이토 히로부미를 성토하는 노래는 〈아동 십진가〉로 이어졌다. 을사늑약과 정미칠조약(1907년 헤이그 특사 사건을 계기로 고종을 강제로 퇴위시킨 뒤 일제가 대한제국을 강점하기 위해 강제로 체결한 불평등 조약으로, '한일신협약'이라고도 부름)에 앞장선 매국노들을 비난하는 노랫말에서 알 수 있듯 아이들에게 역사의식을 고취하기 위해 지어진 노래이다.

아동 십진가

일, 일본놈이 간교하여

이, 이상타 마음먹었는데

삼, 삼천리를 약탈하다

사, 사실이 발각되어

오, 5조약에 떨어지니

륙, 대륙반도 이천만이 분통친다

칠, 7조약을 맺은 놈들

팔, 팔도강산 다 넘기니

구, 국수(國讐) 왜놈에 또 5적이다

십, 십년을 하루같이 독립투쟁 일어난다[15]

국내에서 발행되는 ≪동광≫이라는 잡지에 '천태산인(天台山人)'이라는 호를 쓰던 김태준이 이토 히로부미의 죄상을 실었다. 그러나 이는 총독부 검열과정에서 일부 삭제된 채 판매되었다.

천태산인 십진가

一에 일본놈의

二에 이등박문이란 놈이

三에 삼천리 강산 집어삼키랴다가

四에 사신에게 발각되어

五에 오사할 놈이

六에 육혈포에 맞어서

七에 칠십도 못된 놈이

八에 팔짜가 긔박하야

九에 구(救)치 못하고

十에 십자가(十字架)에 걸렸다[16]

일제 침략에 맞선 '저항 아리랑'

대한제국 침략을 노골화하던 일제는 1905년에 을사늑약을 강제로 체결해 외교권을 강탈했다. 이어서 통감부를 설치하고 한일신협약(정미칠조약), 의병 활동을 막기 위한 총포 및 화약류 단속법, 출판물의 검열·압수를 합법화하는 출판법 등을 잇달아 공포했다. 일본군의 의병 학살전도 대대적으로 전개되었다.

이즈음 각지에서 명성황후 민씨의 권력 남용을 비판하고 시국을 아파하는 내용의 〈아리랑 타령〉이 불리고, 일제의 침략이 가중되면서 조선 민중의 저항의식은 더욱 뜨겁게 불타올랐다. 만주의 동포들은 〈신아리랑〉이라는 노래를 지어 불렀다.

신아리랑

무산자(無産者) 누구냐 한탄 마라

부귀와 빈천은 돌고 돈다
　　아리랑 아리랑 아라리요
　　아리랑 고개로 넘어간다

감발을 하고서 주먹을 쥐고
용감하게도 넘어간다
　　아리랑 아리랑 아라리요
　　아리랑 고개로 넘어간다

밭 잃고 집 잃은 동무들아
어디로 가야만 좋을가 보냐
　　아리랑 아리랑 아라리요
　　아리랑 고개로 넘어간다

괴나리 봇짐을 짊어지고
아리랑 고개로 넘어간다
　　아리랑 아리랑 아라리요
　　아리랑 고개로 넘어간다

아버지 어머니 어서 오소
북간도 벌판이 좋다더라
　　아리랑 아리랑 아라리요
　　아리랑 고개로 넘어간다

쓰라린 가슴을 움켜쥐고
백두산 고개로 넘어간다
　　아리랑 아리랑 아라리요
　　아리랑 고개로 넘어간다

감발을 하고서 백두산 넘어
북간도 벌판을 헤매인다
　　아리랑 아리랑 아라리요
　　아리랑 고개로 넘어간다[17]

　일제강점기 초기에는 국내외 각지에서 기존의 가사에 덧붙이거나 새롭게 창작한 〈아리랑〉이 불렸다. 노랫말은 다양했다. 항일의 뜻을 담기도 하고, 이별과 정한(情恨)의 아픔을 토로하기도 했다.
　영일 지방에서 불린 〈아리랑〉에는 "총 가진 포수가 원수"라고 빗댔는데, 병탄합병(倂吞合倂)과 함께 '총 가진 포수'는 사라진 뒤였기에 '총 가진 포수'는 일제 군경을 뜻하는 말이었다.

영일 아리랑

감발을 하고서 주먹쥐고
용감하게도 넘어간다
　　아리랑 아리랑 아라리요
　　아리랑 고개로 넘어간다

우리의 앞길에 독립군아
쭛과 갓치 성공하세
　　아리랑 아리랑 아라리요
　　아리랑 고개로 넘어간다

간난자 누구냐 탄식마라
부귀빈천은 돌고돈다
　　아리랑 아리랑 아라리요
　　아리랑 고개로 넘어간다

일낙서산에 해가 지면
월출동산에 달이 솟네
　　아리랑 아리랑 아라리요
　　아리랑 고개로 넘어간다

외짝의 기럭아 왜 우느냐
네 싹을 일코서 왜 우느냐
　　아리랑 아리랑 아라리요
　　아리랑 고개로 넘어간다

원수다 원수다 원수로다
총가진 포수가 원수로다
　　아리랑 아리랑 아라리요

아리랑 고개로 넘어간다

쓰라린 가삼을 웅켜쥐고
백두산 고개를 넘어간다
    아리랑 아리랑 아라리요
    아리랑 고개로 넘어간다

아리랑 고개로 넘어간다
용감스럽게 넘어간다
    아리랑 아리랑 아라리요
    아리랑 고개로 넘어간다[18]

    일제에 주권을 빼앗긴 뒤 스스로 조국 땅을 버리고 타향살이를 선택한 사람들이 줄을 이었다. 이들은 같은 가락에 서로 다른 지역의 노랫말을 붙여서 〈아리랑〉을 부르기도 했다. 다음 두 편은 〈밀양 아리랑〉 또는 〈진도 아리랑〉에 맞춘 또 다른 〈아리랑〉들이다.

아리랑

네 정 내 정은 금태성 같은데
왜놈의 모집 등쌀에 생이별했네
    아리 아리랑 서리 서리랑 아라리가 낫네
    아리랑 응응응 아라리가 낫네

저 건네 지는 해는 지고 싶어 지느냐
날 버리고 가신 임은 가고 싶어 가느냐
　　　아리 아리랑 서리 서리랑 아라리가 낫네
　　　아리랑 응응응 아라리가 낫네

만주야 봉천은 얼마나 조면
꽃 같은 각씨 두고 만주 봉천을 가는고
　　　아리 아리랑 서리 서리랑 아라리가 낫네
　　　아리랑 응응응 아라리가 낫네[19]

아리랑

바람은 손 없어도 나무가지를 흔드는데
이내 몸은 손 둘이어도 가는 님을 못 잡네
　　　아리 아리랑 쓰리 쓰리랑 아라리가 낫네
　　　아리랑 응응응 아라리가 낫네

말은 가자고 네 굽을 치는데
님은 붙들고 아니를 놓네
　　　아리 아리랑 쓰리 쓰리랑 아라리가 낫네
　　　아리랑 응응응 아라리가 낫네

물은 쓰면 돌만 남고

임은 가면 나 혼자 남는다
　　아리 아리랑 쓰리 쓰리랑 아라리가 낫네
　　아리랑 응응응 아라리가 낫네

백년을 살자고 백년초를 심었드니
백년초는 어딜 가고 이별초만 남았네
　　아리 아리랑 쓰리 쓰리랑 아라리가 낫네
　　아리랑 응응응 아라리가 낫네

만나니 반가우나 이별을 어이해
이별을 하랴거든 왜 만났던가
　　아리 아리랑 쓰리 쓰리랑 아라리가 낫네
　　아리랑 응응응 아라리가 낫네

일본아 대판은 멋할라고 생겨
우리야 임하고 생이별을 한다
　　아리 아리랑 쓰리 쓰리랑 아라리가 낫네
　　아리랑 응응응 아라리가 낫네

간다 못 간다 얼마나 울어서
정거장 마당이 한강수가 되었네
　　아리 아리랑 쓰리 쓰리랑 아라리가 낫네
　　아리랑 응응응 아라리가 낫네[20]

조선총독부의 <아리랑> 탄압

일제가 1910년 8월에 조선을 병탄한 뒤 가장 먼저 서두른 것은 전국에 있는 우리 사서(史書)를 약탈하는 일이었다. 초대 총독 데라우치는 부임하자마자 총독부에 취조국을 설치하여 '조선의 관습과 제반 제도 조사'에 착수한다고 공포했다. '관습과 제도 조사'라는 핑계를 내놓았으나 실제 목적은 이른바 '불온서적 압수'였다.

병탄 한 달여 뒤인 1910년 10월 1일부터 발 빠르게 ≪관보(官報)≫를 발행한 총독부는 그해 11월에 설치한 취조국을 통해 전국의 각 도·군 경찰과 헌병을 총동원하여 샅샅이 뒤져 조선의 사서를 비롯하여 전통·문화·예술·음악·인물·전기·열전·충의록(忠義錄)·무용전(武勇傳)에 이르기까지 모두 압수하기 시작했다.

서울 종로 일대의 서점은 말할 것도 없고, 전국 각지의 향교와 서원, 양반 세도가, 고가, 민가 등에서도 서적을 압수했다. 총독부는 단군 관계 조선고사서를 비롯해 각종 음악과 예술 분야의 책까지 가리지 않고 눈에 불을 켜고 찾았다. 현채(玄采)가 저술한 소학교 학생용 교과서인 『유년필독』은 물론 조선 시대의 창가집까지도 모조리 강탈했다.

조선통감부는 이에 앞서 1909년 3월에 「출판법」을 공포했다. 「출판법」은 사전 검열은 물론 출판된 뒤에도 검열을 가능하게 하여 출판을 통제한 악법이었다. 이를 계기로 1910년 4월에 이성식이 지은 『중등창가』와 이기종의 『악전교과서』를 발매 금지시키고, 1911년 10월에는 「사립학교규칙」을 조선총독부명으로 공포하여 사립학교에서 사용할 수 있는 교과서는 총독부가 편찬하거나 검정을 마친 것으로 제한했다. 그리고 〈아리랑〉을 비롯해 조선의 전통 있는 노래 부르는 것을 금지시켰다.

조선 총독은 1920년 초 전국 도지사와 군수에게 명하여 그 지방의 민요, 속담, 수수께끼, 독물(讀物) 등을 조사하여 보고하도록 했다. 이것은 물론 조선의 문화 발전을 위해서가 아니라 식민지 정책을 효과적으로 수행하는 기초자료를 모으려는 데 그 목적이 있었다. 이때 앞에서 소개한 〈아리랑 타령〉들을 비롯해 각지의 〈아리랑〉과 조선 민요 600여 수(首)가 보고되었다.

총독부는 이후 〈아리랑〉을 '불온 음악'으로 취급하고 학교에서 부르거나 가르치지 못하도록 했다. 다만 이때는 일제강점기 초기여서 아직 체제가 잡히지 않은 탓인지 통제가 느슨한 편이었다. 그러나 일제는 뒷날 다시 〈아리랑〉 탄압을 본격적으로 전개했다.

조선총독부가 민요를 박해하자 〈이별가〉나 〈수심가〉는 더 많이 불렸다. 〈이별가〉에서는 〈아리랑〉의 오랜 연원을 느낄 수 있다.

이별가

만리장성의 암운은 흩어지고
임이 저리 다정타면
이별 마자 지은 맹세
태산이 일조에 무너져
이별될 줄 알았더면
우연히 둘이 만나
정들자 이별하니

이길 가망이 전혀 없다

한양십리 중에 월색도 요조한데
이별인들 있을소냐
태산같이 믿었더니
허망이로다
아예 당초 마를 것을
이별 말고 사잤더니
심화골수 매친 한은[21]

〈수심가〉는 홍경래의 난(1811)과 관련 있는 서도민요로 저항가요의 의미를 지닌 노래이다.

수심가

차마 진정 님 생각 그리워서
나는 못살겠구나

노자노자 한 살 두 살에 마냥 노자
늙어나지면 못놀리라
차마 진정 님 생각 그리워서
나는 못살겠구나

어스렁 달밤에 늘 삿갓 쓴 아주머니

제 아모리 보아도 반풍이 들었구나

　　차마 진정 님 생각 그리워서

　　나는 못살겠구나

바람아 바람아 불지마라

우리 임의 풀머리 단장 다 흩어진다

　　차마 진정 님 생각 그리워서

　　나는 못살겠구나

동벽을 안고 서벽을 두드리니

그 담벽 변하여 님 될 아니로구나

　　차마 진정 님 생각 그리워서

　　나는 못살겠구나[22]

누굴 믿고 한 백 년 살까

　일제가 〈아리랑〉을 불온 음악이라 탄압해도 각 지역의 〈아리랑〉은 여
전히 사람들 사이에서 살아 숨 쉬었다. 함경도 원산 지역에서는 〈아리랑〉
이 그 지역 사투리를 담은 가사를 그 지역 토리(음악적 지방색, 음률 사투리)에 담
아낸 〈어랑 타령〉으로 나타났다.

원산 아리랑(어랑 타령)

어랑 어랑 어허야 어허야 디야
내 사랑아

공산야월 두견이는 피나게 슬피 울고
강심에 어린 달빛 쓸쓸히 비쳐 있네
어랑 어랑 어허야 어허야 디야
내 사랑아

가을바람 소슬하니 낙엽이 우수수 지고요
귀뚜라미 슬피 울어 남은 간장 다 썩이네
어랑 어랑 어허야 어허야 디야
내 사랑아

휘늘어진 낙락장송 휘어덥석 잡고요
애달픈 이내 진정 하소연이나 할까나
어랑 어랑 어허야 어허야 디야
내 사랑아

삼수갑산 머루다래는 얽으러 섥으러졌는데
나는 언제 임을 만나 얽으래 섥으러지느냐
어랑 어랑 어허야 어허야 디야

내 사랑아

후치령 마루다 국사당 짓고
임 생겨지라고 노구메 드리네
    어랑 어랑 어허야 어허야 디야
    내 사랑아

지저귀는 산새들아 너는 무삼 회포 있어
밤이 가고 날이 새도 저대토록 우느냐
    어랑 어랑 어허야 어허야 디야
    내 사랑아

울적한 심회를 풀 길이 없어 나왔더니
처량한 산새들은 비비배배 우노나
    어랑 어랑 어허야 어허야 디야
    내 사랑아

간다 온단 말도 없이 훌쩍 떠난 그 사람
야멸진 그 사람이 죽도록 보고 싶구나
    어랑 어랑 어허야 어허야 디야
    내 사랑아[23]

지방에서 불린 〈아리랑〉은 곧 서울에 전해지고, 다소 변조된 〈서울 아리랑〉으로 나타났다.

서울 아리랑(본조 아리랑)

아리랑 아리랑 아라리가 낫네
아리랑 속에서 넹겨 넹겨 주소

아서라 말아라 네가 그리 말아
사람의 괄세를 네가 그리 말아
아리랑 아리랑 아라리가 낫네
아리랑 속에서 넹겨 넹겨 주소

세상천지에 약도 만컨만
우리 님 생길 약은 왜 이리 업나
아리랑 아리랑 아라리가 낫네
아리랑 속에서 넹겨 넹겨 주소

전생 차생 무삼 죄로
우리 나량인이 왜 생겼나
아리랑 아리랑 아라리가 낫네
아리랑 속에서 넹겨 넹겨 주소

세상 천지에 남자도 만컨만

나는 왜 요리 혼자 사나

    아리랑 아리랑 아라리가 낫네

    아리랑 속에서 넹겨 넹겨 주소

어리 굽고 고운 님은

나를 보고 좋다 하네

    아리랑 아리랑 아라리가 낫네

    아리랑 속에서 넹겨 넹겨 주소

날 잡아 가오 날 잡아 가오

한양의 낭군아 날 잡아 가오

    아리랑 아리랑 아라리가 낫네

    아리랑 속에서 넹겨 넹겨 주소[24]

〈서울 아리랑(본조 아리랑)〉은 나운규의 영화 〈아리랑〉에서 김영환이 편곡한 노래가 삽입되면서 세상에 널리 알려지고, 지금까지도 전해지게 되었다. 〈서울 아리랑〉으로 전해오는 노래들의 가사들을 보면 영화 〈아리랑〉과의 관계를 짐작해볼 수 있다.

나운규 영화 속 〈아리랑〉

    아리랑 아리랑 아라리요

    아리랑 고개로 넘어간다

나를 버리고 가시는 님은
십리도 못 가서 발병 난다
　　아리랑 아리랑 아라리요
　　아리랑 고개로 넘어간다

엄한설 한강수가 봄눈에 녹고
님이 오실 고개마다 진달래 피네
　　아리랑 아리랑 아라리요
　　아리랑 고개로 넘어간다

남산골 저 청솔에 백화가 필 때
님 그리워 가는 세월에 난 백발일세
　　아리랑 아리랑 아라리요
　　아리랑 고개로 넘어간다

황금빛 들녘에 풍년이 왔네
님께 드릴 오곡백과가 풍년일세
　　아리랑 아리랑 아라리요
　　아리랑 고개로 넘어간다

　나운규의 영화가 대성황을 이루면서 가사를 바꾼 〈한오백년〉이 널리
불렸다.

한오백년

아무렴 그렇지 그렇고 말고
한오백년 사자는데 왠 성화요

쓸쓸한 이 세상 외로운 이내 몸
누구를 밋고셔 한백년 살가
　　아무렴 그렇지 그렇고 말고
　　한오백년 사자는데 왠 성화요

식전의 우난 새는 배가 곱퍼 울고
저녁의 우는 새는 님 그려 운다
　　아무렴 그렇지 그렇고 말고
　　한오백년 사자는데 왠 성화요

알들살들 그리던 님을
은제나 만나셔 안어 주나
　　아무렴 그렇지 그렇고 말고
　　한오백년 사자는데 왠 성화요

아리랑 고개는 얼마나 멀게
한번만 넘어가면 영영 못 오나
　　아무렴 그렇지 그렇고 말고

한오백년 사자는데 왠 성화요

외짝에 기럭아 왜 우너냐
네 짝을 일코셔 왜 우너냐
　　아무렴 그렇지 그렇고 말고
　　한오백년 사자는데 왠 성화요

냉정한 이 사회 풍파도 만코
양인의 정리(情理)에 장애도 만타
　　아무렴 그렇지 그렇고 말고
　　한오백년 사자는데 왠 성화요[25]

친일파의 '어용(御用) 아리랑'

〈아리랑〉의 역사는 곧 굴곡의 역사이다. 저항과 분노의 〈아리랑〉 곡조
에 친일의 색깔이 덧씌워지기도 했으나 〈아리랑〉은 독립군이 일제와 끝
까지 싸울 수 있도록 사기를 높이는 데 큰 힘이 되었다.

조선총독부는 1929년 12월에 민요 〈아리랑〉을 금지곡으로 선포했다.
나운규의 영화 〈아리랑〉(1926년 10월 개봉)의 인기가 전국을 휩쓸면서 영화의
주제곡이었던 〈신아리랑〉도 전국적으로 유행하고 이와 더불어 항일의식
이 다시 점화되자 취한 조처였다.

그러자 〈아리랑〉은 공식적으로는 사라졌으나 국민의 삶에서까지 사라

질 수는 없었다. 〈아리랑〉은 지하로 잠복하고 은밀히 불리게 되었다. 또한 차례 닥친 〈아리랑〉의 수난기였다.

일제는 1932년에 중국 만주에 '괴뢰 만주국'을 세우고, 식민지 정책을 강행하고자 이른바 5족협화(五族協和)를 슬로건으로 내세웠다. '오족협화'는 일본 관동군의 지휘 아래 중국의 한족(漢族), 조선족, 일본족, 만주족, 몽골족 등을 끌어모아 대동아의 화평을 이룬다는 어용 구호였다. 변절한 조선족 출신들도 여기 참여했다.

'괴뢰 만주국'의 등장과 함께 만주는 더 이상 우리의 독립운동 기지 역할을 하기 어렵게 되었다. "만주국의 현실은 정치는 물론이고 임금·취업·교육·주거·배급 등 사회생활의 모든 영역에서 차별과 배제가 '협화'보다 우선했다. 다민족 간에는 오히려 불신과 증오 그리고 폭력이 난무했고, 힘의 논리가 판을 치는 가운데 결국 '우월한 일본인' 대 '열등한 나머지'의 노골적인 지배관계만 남게 된 것이다."[26]

이후 뜨거웠던 만주의 항일 열기는 점차 사그라지고, 그곳에서도 친일 부역자들이 속출했다. 한때 우리나라의 대표적인 가곡으로 널리 사랑받던 〈선구자〉를 만든 윤해영(작사)과 조두남(작곡)이 그 대표적인 인물들이다.

〈선구자〉는 우리나라에서 1970~80년대 학생운동과 민주화운동 시기에 자주 애창되었던 가곡이었다. 1963년 서울 시민회관에서 열린 송년음악회에서 불린 이후 기독교 방송의 시그널 음악으로 7년간 방송되면서 많은 사랑을 받았다. 김영삼 대통령의 취임식 때에는 행사의 배경음악으로 연주될 만큼 대표적인 항일가곡으로 알려져 있었다.

그러나 윤해영과 조두남의 친일 행적이 드러나면서 이 노래는 하루아침에 운명이 바뀐다. '오족협화회'의 성안현 협화회 홍보과에서 사무원으로 일했던 윤해영은 1936년 11월 ≪재만조선인통신≫에 〈만주 아리랑〉을 발표했다. 이 노래는 만주에서의 생활을 "젖꿀이 흐르는 기름진 땅에 5족의 새살림 평화롭네" 운운하면서 일제의 괴뢰 만주국을 미화하고 옹호하는 내용들로 채워졌다. 노랫말은 다음과 같다.

만주 아리랑

아리랑 고개를 넘어서니
새 하늘 새 땅이 이 아닌가
　　아리랑 아리랑 아라리요
　　아리랑 얼시구 춤을 추세

말발굽 소-리 끊어지면
동리 삽살개 잠이 드네
　　아리랑 아리랑 아라리요
　　아리랑 얼시구 춤을 추세

젖쑬이 흐르는 기름진 쌍에
5족의 새살림 평화롭네
　　아리랑 아리랑 아라리요
　　아리랑 얼시구 춤을 추세[27]

윤해영은 이 밖에도 〈아리랑 만주〉, 〈오랑캐 고개〉, 〈낙토 만주〉, 〈적

토기〉 등 여러 개의 친일 노래를 만들었다.

〈아리랑 만주〉는 친일 어용 신문인 ≪만선일보≫의 1937년 신춘문예 당선작으로 선정되면서 만주 지역에서 널리 유행했다. 그곳 조선인들은 노랫말에 숨은 친일 의도와 윤해영의 친일 행각을 제대로 파악하지 못한 채 이 노래를 불렀다고 한다. 해방 후 한국에서 그의 노래 〈선구자〉를 애창한 것도 이와 같은 맥락이었다.

윤해영은 만주국 건국 10주년을 기념해 특별 출간한 『반도 사회와 낙토 만주』에 실린 〈낙토 만주〉에서는 "오색기 너울너울 낙토 만주 부른다 / 백만의 척사(拓士)들이 너도나도 모였네 / 우리는 이 나라의 복을 받은 백성들 / 희망이 넘치누나 넓은 땅에서 살으리"[28]라고 만주국을 예찬했다.

한민족의 혼이 담긴 민요 〈아리랑〉을 모독한 윤해영의 〈아리랑 만주〉는 일제강점기에 전기현이 작곡하고 백년설이 노래를 불러 국내에서까지 유행했다. 총독부는 이를 간섭하기는커녕 오히려 옹호했다.

아리랑 만주

흥안령 마루에 서설이 핀다
4천만 5족의 새로운 낙토
얼럴럴 상사야 우리는 척사
　　아리랑 만주가 아리랑 만주가
　　이 땅이라네

송화강 천리에 어름이 풀려

기름진 대지에 새봄이 온다

얼럴럴 상사야 밧들여 갈자

　　아리랑 만주가 아리랑 만주가

　　이 땅이라네

신곡제 북소리 가을도 길며

기럭이 환고향 님소식 가네

얼럴럴 상사야 풍년이로라

　　아리랑 만주가 아리랑 만주가

　　이 땅이라네[29]

　이처럼 〈아리랑〉은 친일파들에게도 이용당했으나 아리랑 정신만은 희석되지도 퇴색되지도 않았다. 일제강점기에 간도로 이주해 온갖 고난을 이겨내며 터를 닦고 정착한 옌볜(연변)의 조선족은 "일제가 세운 '아리랑 만주'에다 피눈물을 뿌리면서 살아남"[30]아 〈아리랑〉의 혼을 이어오고 있다.

　〈선구자〉의 노랫말을 쓴 윤해영은 이런 친일 행위로 민족문제연구소가 펴낸 『친일인명사전』에 이름이 올라 있다. 작곡가 조두남도 일제를 찬양하는 노래를 만드는 등 친일 음악가였다.

　처음에 이 노래 제목은 〈용정의 노래〉였다. 윤동주의 고향인 용정(龍井, 룽징)은 일제강점기에 한인들이 모여 사는 곳이자 독립운동가들의 주요 활동지이기도 했다. 이런 배경이 있기에 이 노래에 나오는 '선구자'는 만주 벌판을 누비는 독립군들을 가리키는 말이라고 여겼다. 그러나 이 노래를 만든 이들의 친일 행각이 드러나면서, '선구자'는 우리 독립군이 아니라 일제 괴뢰 만주국의 기마병, 만주국을 위해 애쓰는 사람들이라는 해석이 제기되었다. 이런 논란 이후 이 노래는 국가 공식 행사에서 배제되었으나, 이를 잘 모르는 사람들은 지금도 여전히 부른다.

독립군의 <광복군 아리랑>

경술국치 이후 해외의 우리 독립운동가들은 각종 독립군가를 지어 부르면서 사기를 북돋웠다. 신흥무관학교를 비롯해서 독립운동 단체들은 교가를 비롯해 진중(陣中)가요, 즉 군대에서 군인들이 부르는 노래를 만들었다. 진중가요는 전통적인 한국 민요의 곡을 따서 만들었다.

대한민국 임시정부의 국군으로 창설된 한국광복군은 제3지대장 김학규 장군이 <밀양 아리랑>을 개사하여 <광복군 아리랑>을 지어 불렀다. 이 노래는 곧 광복군 전체로 퍼지고, 독립운동가들과 교민들의 애창곡이 되었다. 그러다가 1940년에 임시정부의 공식 군가(軍歌)로 채택되었다.

광복군 아리랑

우리네 부모가 날 찾으시거든
광복군 갔다고 말 전해주소
　　아리랑 스리랑 아라리요
　　광복군 아리랑 불러보세

광풍이 불어요 광풍이 불어요
삼천만 가슴에 광풍이 불어요
　　아리랑 스리랑 아라리요
　　광복군 아리랑 불러보세

바다에 두둥실 떠오는 배는
광복군 싣고서 오시는 배래요
　　아리랑 스리랑 아라리요
　　광복군 아리랑 불러보세

광풍이 불어요 광풍이 불어요
삼천만 가슴에 광풍이 불어요
　　아리랑 스리랑 아라리요
　　광복군 아리랑 불러보세

동실령 고개서 북소리 둥둥 나더니
한양성 복판에 태극기 펄펄 날려요
　　아리랑 스리랑 아라리요
　　광복군 아리랑 불러보세[31]

〈광복군 아리랑〉은 〈밀양 아리랑〉의 곡조에 의탁한 독립군가이다. 광
복군 출신은 〈광복군 아리랑〉을 부르는 대원들의 광경을 다음과 같이 증
언한다.

우리는 새로 들어온 신동지들에 대한 환영식도 가졌다. (…) 내일의 영광된 조국 건설을 위하여 목숨을 내던지기로 굳게굳게 맹세하고 다짐을 한 광복군의 젊은 용사들은 오늘의 괴로움과 슬프고 쓰라린 사연을 스스로 떨치고 달래며 서로를 위로하다 마침내는 서로 얼싸안고, '우리네 부모가 날 찾으시거든 광복군 갔다고 말 전해주소'라는 〈밀양 아리랑〉 곡의 〈광복군 아리랑〉을 불러댄다.[32]

〈아리랑〉 계열은 아니지만 1940년대 광복군의 주제가처럼 불린 〈광복군 항일전투가〉라는 노래도 있다. 〈광복군 아리랑〉과 함께 불린 노래이다. 노랫말은 송호성 장군이 지었다.

광복군 항일전투가

동반도의 금수강산 삼천리 땅은
반만년의 긴 역사를 자랑하였고
그 품에서 자라나는 모든 영웅은
누구든지 우리 위해 피를 흘렸다
　　본받아라 선열들의 자유의 독립을
　　쟁취하기 위하여 싸워죽었다

삼십여년 흑암 속에 노예 생활은
자나깨나 망국한을 잊을 수 없다
천고의 한 우리 원수 그 누구인가

삼도왜놈 제국주의 조작 아닌가

　　때가 왔다 우리들의 복수할 시기가

　　너와 나의 피로써 광복에 바치자

광복군의 용사들아 일어나거라

총칼 배낭 둘러메고 앞을 향할 때

번개눈을 부릅뜨고 고함 지를 때

살기 돋는 두 주먹은 발발 떠노라

　　싸우자 침략자 우리 강토서

　　몰아낼 때까지 죽도록 싸우자

퉁탕소리 나는 곳은 죽음뿐이요

검광 번쩍 날린 곳은 피바다이다

광복군의 깃발은 도처에 날고

자유 독립 만세소리 천지 동한다

　　두드려라 부셔라 모조리 잡아서

　　현해 속에 쓸어 넣고 말아버리자[33]

타이항산의 <조선의용대 아리랑>

우리 독립운동 단체(기관) 중에서 해방 후 가장 억울(!)한 단체는 조선의
용대가 아닐까 싶다. 조선의용대는 1938년 10월에 의열단과 사회주의자

들을 중심으로 중국 한커우(漢口)에서 조직되었다. 김원봉을 비롯하여 대원 100여 명은 처음에 '조선의용군'이라는 이름을 사용했다. 그러나 중국 측이 명분상 '군(軍)'이라는 용어를 기피하며, 규모가 별로 크지 않으니 '군(軍)'보다 '대(隊)'로 하는 것이 좋겠다고 하여 '조선의용대'로 이름을 바꾸게 되었다.

조선의용대는 나중에 중국 측의 분리 공작으로 김원봉 등은 충칭 임시정부 쪽으로 합류하고, 김두봉은 1942년 8월 타이항산(太行山)에서 화베이(華北) 조선독립동맹을 결성하여 항일투쟁에 나섰다.

조선의용대는 일본군을 상대로 선전활동을 할 때〈조선의용대 아리랑〉을 비롯해〈민족해방가〉,〈낙화암〉,〈자유의 빛〉등을 불렀다. 대원들의 사기 진작과 일본군에 있는 한인(韓人) 병사들을 귀순시키고자 하는 전략이었다.

조선의용대 아리랑

아리랑 아리랑 아라리요
아리랑 고개는 원한의 고개

아리랑 아리랑 아라리요
아리랑 고개에 깃발이 펄펄[34]

'조선의용군'의 정명을 회복한 화베이 조선독립동맹은 북상하여 타이항산에서 중국 팔로군과 함께 일본군 섬멸에 나섰다. 산제비도 날기 어렵다는 험준한 타이항산에서 조선의용군은 조선인 음악가 정률성이 작곡한 〈의용군 행진곡〉을 비롯해 〈항전돌격운동가〉 등을 부르며 일본군과 싸웠다.

의용군 행진곡
-조국에의 진군 준비 -

중국의 광활한 대지 위에
조선의 젊은이 행진하네
발을 맞춰 나가자 다 앞으로
지리한 어둔 밤이 지나가고
빛나는 새 아침이 달려오네
우렁찬 혁명의 함성 속에
의용군 깃발이 휘날린다
나가자 피끓는 동포야
뚫어라 원수의 철조망
양자와 황하를 뛰어넘고
피묻은 만주벌 결전에
원수를 동해로 내어 몰자
전진 전진 광명한 저 앞길로[35]

조선의용대는 일제강점기에 일제와 가장 치열하게 싸운 단체였다. 손일봉, 최철호, 왕현순, 박철동 등 많은 이들의 희생이 뒤따랐다. 그러나

朝鮮義勇隊成立紀念 一九三八年十月十日

조선의용대 성립 기념(1938. 10. 10)(독립기념관).

조국이 해방된 뒤 조선의용대(군) 대원들은 남과 북으로 나뉘어 입국한 것은 물론 남쪽에서는 좌익계열이라는 이유로 서훈(敍勳)이 되지 못하고, 북쪽에서는 옌안파(연안파)로 몰려 숙청당하는 비운을 맞아야 했다. 앞에서 조선의용대(군)를 '가장 억울한' 독립운동단체라고 말한 것은 이 때문이다.

1942년에 타이항산 인근은 가뭄이 극심해 조선의용군은 직접 산을 개간하여 작물을 심어 자급자족해야 했다. 그러나 깊은 산중이라 소금은 구할 수가 없었다. 다행히 여성 대원들의 지혜로 염분성이 있는 돌을 갈아 소금을 대체했다.

그 당시 산에서 가장 많이 채취했던 산채는 돌미나리였다. 이화림은 거의 매일 산에 가 돌미나리를 캘 때면 자신도 모르게 저절로 조선의 민요

〈도라지 타령〉이 생각나 부르곤 했는데, 가사는 다음과 같이 바꿔 불렀다고 한다.

돌미나리 타령(타이항산 도라지 타령)

미나리, 미나리, 돌미나리
타이항산 골짜기의 돌미나리
한두 뿌리만 캐어도
광주리에 가득 차누나
에헤요 에헤요 에–헤요
우리의 근거지 너무도 사랑스러워
우리의 타이항산 너무도 아름다워[36]

3. 세계인이 공감한 〈아리랑〉

〈아리랑〉을 해외에 처음 소개한 헐버트 박사

우리 민요 〈아리랑〉을 처음으로 국제사회에 소개한 사람은 미국인 선교사 호머 B. 헐버트(Homer B. Hulbert, 1863~1949) 박사이다.

헐버트는 대한제국 시기인 1886년에 세워진 우리나라 최초의 근대식 국립학교인 '육영공원'의 영어 교사로 채용되면서 우리나라에 처음 왔다. 그는 우리나라 최초의 한글 교과서인 『사민필지(士民必知)』('선비와 백성 모두가 반드시 알아야 할 지식'이라는 뜻)를 만들었고, 한글의 띄어쓰기를 제안하기도 했으며, 구전으로 내려오던 〈아리랑〉을 서양식 음계로 처음 채보해서 알렸다.

헐버트는 네덜란드 헤이그에서 열리는 만국평화회의에 고종의 특사 파견(1907)을 돕는 등 우리나라의 국권회복운동과 독립운동에도 도움을 주었다. 헤이그 특사 파견 사건으로 일제에 의해 한국에서 추방되고 미국으로 돌아가서도 한국의 독립운동을 계속해서 지원했다.

그는 자신의 책 『대한제국 멸망사(The Passing of Korea)』의 서문에 "나는 1,800만 한국인들의 권리와 자유를 위해 싸웠으며, 한국인들에 대한 사랑

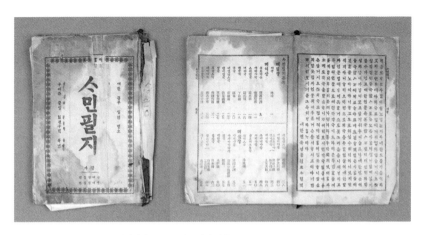

『사민필지』(1906년판)의 표지와 내지(전북 군산 아펜젤러 기념교회).

은 내 인생의 가장 소중한 가치"라고 썼다. 우리나라가 해방된 뒤인 1949
년에 한국을 다시 찾았다가 일주일 만에 한국 땅에서 숨을 거두었다. "나
는 웨스턴민스터 사원보다 한국 땅에 묻히고 싶다"라는 유언에 따라 그는
서울 합정동 양화진 외국인 선교사 묘지에 안치되었다.

헐버트의 영결식은 우리나라 최초의 외국인 사회장으로 치러졌다. 한
국 정부는 고인에게 건국공로훈장 태극장(1950)과 금관문화훈장(2014)을 추
서했다.

앞서 언급한 것처럼, 헐버트는 서울에 머물 때 우리나라에서 오랫동안
입으로만 전해오던 〈아리랑〉을 직접 듣고 오선지에 채보했다. 그리고 이
렇게 정리된 악보를 미국에서 출판된 ≪한국 소식(The Korean Repository)≫(1896)
에 소개했다.

"아라렁 아라렁 아라리오 / 아라렁 얼싸 배 띄어라"로 시작되는 이 〈아
리랑〉은 수많은 〈아리랑〉 가운데 곡조까지 담은 것으로는 가장 오래된 기

호머 B. 헐버트(왼쪽)와 양화진에 있는 그의 묘(오른쪽).

록이다. 헐버트의 〈아리랑〉은 1919년 3·1 혁명을 전후하여 우리나라에서
도 많이 불렸다.

북한도 〈아리랑〉을 세계에 알린 최초의 외국인이 헐버트 박사라는 사
실을 인정했다.

국제고려학회 주최로 2018년 8월 17일부터 18일까지 중국 선양(瀋陽)에
서 '화해 평화와 번영을 위한 코리아학 국제워크숍'이 열렸다. 이때 북한
조선사회과학원 민속학연구소 소장 리영호는 발표문에서 "헐버트의 〈아
리랑〉은 첫 소절과 둘째 소절의 선율과 장단 리듬이 완전히 반복되고 있
다"라고 말한 뒤 "선율이 완전히 동도(同道) 진행으로서 일반 사람들이 항
간에서 흥얼거리는 노래 형태로 채보되었다. 헐버트 박사가 자유로운 박
자로 불리던 민중의 노래를 가감 없이 원형대로 채보했음을 높이 평가한
다"라고 했다.

북한은 그동안 헐버트가 미국인으로 한국 정부에서 건국공로훈장을 받

헐버트가 채록한 〈아리랑〉 악보.

은 것 등을 이유로 그가 최초의 〈아리랑〉 채보자라는 사실에 대해 긍정도
부정도 하지 않는 침묵으로 일관해왔다.

헐버트 박사 기념사업회 김동진 회장은 북한 공공기관이 처음으로 헐
버트의 업적을 국제학술회의에서 평가했다는 데 의의가 있다고 말했다.[1]

유엔 유네스코 인류무형문화유산(인류 구전 및 무형유산 걸작) 목록에는 〈아리
랑, 한국의 서정민요〉(2012)와 조선민주주의인민공화국의 〈아리랑 민요〉(2014)
가 함께 등재되어 있다. 남북관계가 다시 화해 국면으로 풀리게 되면 〈헐버

트 아리랑〉을 이 목록에 공동 등재하면 어떨까.

아리랑 어휘를 연구한 리처드 러트 신부

영국 출신으로 해방 후 오랫동안 한국에서 산 리처드 러트(Richard Rutt) 신부는 한국 문화에 관하여 웬만한 한국 학자보다 많이 공부해서 그만큼 식견이 넓었다. 〈아리랑〉에 대해서도 관심이 많아 깊이 연구했다.

그는 〈아리랑〉이라는 글에서 '아리랑'의 어휘가 아홉 가지로 설명되고 있다고 설명했다.

1) 밀양 군수의 딸 아랑(阿浪)이 아리랑이라는 설(성은 '李'로 알려져 있음)

2) 신라 창시조인 박혁거세의 부인 알영(閼英)이 아리랑이라는 설.

3-1) 대원군이 경복궁을 중수했을 때 억지로 끌려온 잡역부들이 "내 귀는 먹었소"라는 뜻으로 아리롱(我耳聾)을 불렀는데 그것이 아리랑이 되었다는 설.

3-2) 경복궁 개수(改修)에 끌려온 잡역부들이 "내가 여기서 고생하오"라는 뜻으로 아날리를 불렀는데 그것이 아리랑으로 되었다는 설.

3-3) 잡역부 중의 한 명이 집에 두고 온 아내를 그리워해서 '내 마음속의 여자'라는 뜻으로 아리랑(我裏娘)을 불렀다는 설.

4) 아리랑은 한국 피리의 장전타음(長前打音)을 흉내낸 의성(擬聲)이라는 설.

5) 낙랑(樂浪)의 중국식 발음인 룰랑 내지 낭랑에서 왔다는 설.

6) 아리랑은 고개의 이름이라는 설.

7) 「트라가」같이 아무 의미 없는 후렴이라는 설.

　리처드 러트는 이 해석 중 맨 마지막 설이 가장 그럴듯하며 구체적으로 검토를 할 만한 가치가 있다고 보았다. 한국의 어느 지방에서나, 어떤 〈아리랑〉에서나 이 구절이 후렴으로 반복되기 때문이다.[2]

　리처드 러트는 말한다. "나는 〈아리랑〉 중에서 복잡하게 꾸며낸 사랑의 〈아리랑〉보다 도조(賭租)를 물지 못하는 농부의 〈아리랑〉과 굽 높은 구두에 정신이 팔린 학생의 〈아리랑〉을 더 좋아한다. 그 이유는 농부의 〈아리랑〉과 학생의 〈아리랑〉이 진짜 인생을 좀 더 정확하게 나타내기 때문이다."[3]

　그는 당시 나온 민요집에서 '수수밭 도조는 내 물어 줄게 / 구시월까지만 참아다오'라는 구절과, '굽 높은 구두를 맞춰 신고 / 요리 삐끗 조리 삐끗 멋들어졌네'라는 구절 등을 예로 들어 보였다. 그러고는 다음과 같은 해석을 덧붙였다. "노래(〈아리랑〉—필자)는 한 세기를 거치는 동안에 많이 변했다. 그러나 '노래가 변했다'는 사실이 중요하다. 노래가 세월과 함께 달라지는 것은 그만큼 노래가 생명력을 갖고 있는 증거이며, 이것이야말로 〈아리랑〉이 민요 목록에서 확고부동한 위치를 차지하고 있다는 뜻이 되기도 한다."[4]

한국 독립 지원한 님 웨일스의 〈아리랑〉

앞에서도 잠깐 소개한 바처럼, 작가이자 언론인이며 시인으로 두 차례

님 웨일스의 책 『아리랑』의 표지.

나 노벨평화상 후보에 올랐던 님 웨일스는 한국을 무척 사랑했다. 그는 왜적의 식민지가 된 조선의 청년들이 무국적자가 되어 중국 천지를 떠돌면서도 전혀 절망하지 않고 조국 해방과 인간 해방을 목표로 치열하게 싸우는 삶에 감동해 『아리랑』을 쓰기도 했다.

『아리랑』의 주인공 김산(본명 장지락)은 중국 혁명에 뛰어들어 1927년 광동 코뮌을 시작으로 중국 혁명가들과 함께 항일투쟁에 나섰고, 이로 인해여러 차례 투옥되었다. 김산은 님 웨일스와 인터뷰를 하고 1년 뒤에 엉뚱하게 중국공산당에 의해 '일제 스파이'라는 누명을 쓰고 처형되었다. 중국공산당은 1983년이 되어서야 그의 억울한 죽음을 인정하고 명예와 당원 자격을 회복시키는 복권을 결정했다.

님 웨일스가 김산을 주인공으로 삼아 쓴 『아리랑』에는 조선의열단과 그 후신인 조선의용대(軍)의 활동상이 사실적으로 그려진다. 약산 김원봉과 의열단, 조선의용대 등이 1930년대 중국 관내에서 활동하는 모습들이 이 책을 통해 새롭게 드러났다.

김산에게서 조선의 역사를 들은 님 웨일스는 책의 제목을 『아리랑(Song of Ariran)』이라 지으면서 다음과 같이 덧붙였다. "조선에는 민요가 하나 있다. 그것은 고통받은 민중들의 뜨거운 가슴에서 우러나온 아름다운 옛 노래다. 심금을 울리는 아름다운 선율에는 슬픔이 담겨 있듯이, 이것도 슬픈 노래다. 조선이 그렇게 오랫동안 비극적이었듯이 이 노래도 비극적이다. 아름답고 비극적이기 때문에 이 노래는 300년 동안이나 모든 조선 사람들에게 애창되어왔다."[5]

님 웨일스는 '아리랑 고개'와 관련한 기록도 남겼다. 그동안 국내에서는 잘 알려지지 않았던 이야기이다.

서울 근처에 아리랑 고개라는 고개가 있다. 이 고개 꼭대기에는 커다란 소나무가 한 그루 우뚝 솟아 있었다. 그런데 조선 왕조의 압정하에서 이 소나무는 수백 년 동안이나 교수대(絞首臺)로 사용되었다. 수만 명의 죄수가 이 노송의 옹이 진 가지에 목이 매여 죽었다. 그중에는 산적도 있었고 일반 죄수도 있었다. 정부를 비판한 학자도 있었다. 이조 왕족의 적(敵)들도 있었고 정치적 반역자도 있었다. 하지만 대다수는 압제에 대항해 봉기한 빈농이거나 학정과 부정에 대항해 싸운 청년 반역자들이었다.

이런 젊은이 중의 한 명이 옥중에서 노래를 한 곡 만들어서는 무거운 발걸음을 끌고 천천히 아리랑 고개를 올라가면서 이 노래를 불렀다. 이 노래가 민중들한테 알려지자, 그 뒤부터는 사형선고를 받은 사람이면 누구나 이 노래를 부르면서 자신의 즐거움과 슬픔에 이별을 고하게 되었다. 이 애끓는 노래가 조선의 모든 감옥에 메아리쳤다. 이윽고 죽기 전에 마지막으로 이 노래를 부를 수 있는 최후의 권리는 누구도 감히 부정할 수 없게 되었다.[6]

다음은 님 웨일스가 소개한 〈아리랑〉이다. 제목은 별도로 없다.

> 아리랑 아리랑 아라리요
> 아리랑 고개를 넘어간다

아리랑 고개는 열두 구비
마지막 고개를 넘어간다
> 아리랑 아리랑 아라리요
> 아리랑 고개를 넘어간다

청천 하늘엔 별도 많고
우리네 가슴엔 수심도 많다
> 아리랑 아리랑 아라리요
> 아리랑 고개를 넘어간다

아리랑 고개는 탄식의 고개
한번 가면 다시는 못 오는 고개

아리랑 아리랑 아라리요

아리랑 고개를 넘어간다

이천만 동포야 어데 있느냐

삼천리 강산만 살아 있네

　아리랑 아리랑 아라리요

　아리랑 고개를 넘어간다

지금은 압록강 건너는 유랑객이요

삼천리 강산도 잃었구나

　아리랑 아리랑 아라리요

　아리랑 고개를 넘어간다[7]

　일제의 탄압과 수탈이 극심해지면서 중국, 러시아, 미주 등지로 건너
가는 사람들의 행렬이 줄을 이었다. 사람들은 조국 해방을 목표로 삼거나
새로운 삶을 개척하고자 조국을 떠났다. 만주와 해삼위(블라디보스토크를 이르
는 말로, 바닷가에 '해삼'이 많아서 해삼위라 불렀다고 한다)에는 이미 조선 말기에 한인
촌이 형성되고, 이곳을 거점으로 항일무장투쟁이 전개되었다. 따라서 곳
곳에서 '저항 아리랑'이 창작되고, 노래는 애국가나 독립군가처럼 불렸다.
항일투쟁을 하다가 일제가 만든 감옥에 간 지사들은 감옥에서 〈아리랑 옥
중가〉 등을 지어 부르면서 항쟁을 이어 나갔다.
　님 웨일스의 『아리랑』에 따르면, 조선의 독립운동가들은 상황이 어렵거
나 새롭게 투지를 다질 때면 〈아리랑〉을 불렀다고 한다. 다음은 이 책에

나오는 〈아리랑 옥중가〉이다.

아리랑 옥중가

아리랑 고개는 열두 구비
첫 번째 고개를 넘어간다
　　아리랑 아리랑 아라리요
　　아리랑 고개를 넘어간다

내 들던 막걸리는 어디 있나
이제는 한강에 펌푸로구나
　　아리랑 아리랑 아라리요
　　재판장 고개를 넘어간다

금시계줄은 어디로 갔나
쇠 수갑은 맞지를 않네
　　아리랑 아리랑 아라리요
　　감옥행 고개를 넘어간다

운명의 선고를 기다리며
나 이제 생사 갈림길에 서있네
　　아리랑 아리랑 아라리요
　　마지막 고개를 넘어가련다

아리랑 고개에 간이역 하나 지어라

집행인 기차를 기다려야 하니

    아리랑 아리랑 아라리요

    마지막 고개를 넘어간다

동지여, 동지여 나의 동지여

그대 열두 구비에서 멈추지 않으리

    아리랑 아리랑 아라리요

    아리랑 열세 구비를 넘으리니[8]

다음에 소개하는 〈아리랑 연가〉도 만주 지역 독립운동가들이 자주 부르던 노래였다.

아리랑 연가

    아리랑 아리랑 아라리요

    아리랑 고개를 넘어간다

아리랑 고개는 열두 구비

마지막 고개를 넘어간다

    아리랑 아리랑 아라리요

    아리랑 고개를 넘어간다

떠나는 님은 잡지를 마라
못보다 다시 보면 달콤하거늘
    아리랑 아리랑 아라리요
    아리랑 고개를 넘어간다

나를 버리고 가시는 님은
십리도 못가서 발병난다
    아리랑 아리랑 아라리요
    아리랑 고개를 넘어간다

청천하늘에 별들도 많은데
구름 뒤에 날보고 웃는 이 누구요
    아리랑 아리랑 아라리요
    아리랑 고개를 넘어간다[9]

한편 만주의 우리 독립운동가와 교민들은 평양 감옥에서 옥살이를 마치고 나온 지사들이 불렀던 〈평양 감옥가〉를 함께 불렀다.

평양 감옥가

동창을 바라보니 철창문이요
좌우를 바라보니 붉은 옷이라
하늘만 보이는 높은 벽돌담

이곳이 내가 살 세상이란다

기상 종과 간수놈의 고함소리에
먼동이 트기 전에 일찍 일어나
변기청소 얼음세수 몸을 얼구고
한술의 수수밥에 목을 축인다

인간굴비 쇠사슬에 허리를 묶여
삭풍이 살을 에는 노역장으로
야속할손 눈보라는 발등을 덮고
맨발에 짚조리는 발이 어누나

허기진 나의 몸은 짐짝에 눌려
지탱을 못하고 쓰러지노라
범같은 간수놈의 고함소리에
대장부 가슴이 막 무너지노라

머리엔 벼락같은 곤봉 세례요
허리엔 무정한 발길질이라
죽을힘을 다하여 일어나며는
허리에 찬 쇠사슬은 천근무게라

곤봉에 몽롱해진 망막 속에는

황천의 염라대왕 얼신거린다
이것이 피치못할 나의 신세면
차라리 북망산천 편하리로다

어제는 이 친구께 가죽조끼요
오늘은 저 친구께 종영창이라
양과 같이 온순한 이 형제에게
가죽조끼 중여창이 웬말이냐

오늘도 인간백정 도살군들이
검은 집에 내 친구 끌고 갔는데
가증한 왜놈들의 교회사 소리
멀리서 제 육감에 들려오누나
죽이는 놈 죽는 자 한 지붕 아래
이러한 부자연이 또 있을소냐
하느님 이 겨레가 무슨 죄 있소
원수에게 저주를 나리옵소서[10]

이 노랫말에는 독립운동가들의 고통스러운 감옥 생활이 고스란히 담겨 있다. 사는 것보다 차라리 죽는 게(북망산천) 편하겠다며, 일본놈들에게 저주를 내려달라는 간절한 기도에서는 이들의 분노가 얼마나 큰지 알 수 있다.

우리네 부모가 날 찾으시거든
광복군 갔다고 말 전해주소
아리랑 스리랑 아라리요
광복군 아리랑 불러보세

4. 분단과 독재 시대의 〈아리랑〉

한국전쟁과 〈아리랑 삼팔선〉

일제강점기 35년은 말 그대로 암흑의 시간이었다. 우리 고유의 말과 글을 자유롭게 쓸 수 없게 한 일제의 폭압은 무엇보다 견디기 힘든 일이었다. 해방은 우리 민족에게 말과 글을 자유롭게 쓸 수 있는 기쁨을 주었다. 말과 글이 해방되자 우리 민족과 고락을 함께한 〈아리랑〉도 다시 제자리를 찾아갔다.

> 1945년 해방과 더불어 아리랑은 묻힌 덤불 속에서 쉴 새 없이 뛰쳐나온다. 이 시기의 아리랑은 새로운 창작보다 묻힌 것, 가려진 것, 사라질 위기에 놓여 있던 아리랑들을 되찾아냄으로써 아리랑 세상을 만나고 확장을 가속화시킨다. 양악에 의한 신민요 새 아리랑 가락도 탄생되고, 현대가요 아리랑도 태어난다.[1]

조선총독부가 금지곡으로 탄압하면서 일제강점기 후반에는 국내에서

〈아리랑〉이 철저히 묻혀 있었다. 이 때문에 해방이 되고서도 새로운 〈아리랑〉이 금방 나오기는 어려웠다.

해방 공간에 국내에서 많이 불린 노래는 〈가거라 삼팔선〉, 〈달도 하나 해도 하나〉, 〈귀국선〉, 〈독립행진곡〉 같은 노래들이었다. 〈독립행진곡〉의 가사는 다음과 같다.

어둡고 괴로워라 밤이 길더니
삼천리 이 강산에 먼동이 튼다
동포여 자리차고 일어나거라
산 넘고 바다 건너 태평양까지
아 아 해방의 해방의 종이 울린다[2]

해방이라는 혼란 속에서는 새로운 노래가 창작되는 데 시간이 필요했다. 익히 잘 알고 있었으나 일제의 폭압에 부르지 못했던 노래를 먼저 되살려 부를 수밖에 없다. 그런데 해방정국의 혼란이 채 가시기도 전에 한국전쟁이라는 민족의 또 다른 비극이 벌어졌다. 믿을 수 없는 비극의 연속에서 민중에게 고통과 시름을 잊게 해준 노래는 역시 〈아리랑〉이었다.

1953년 휴전협정 조인 반대 궐기대회 시가행진을 전후해서 아리랑을 불렀고, 술집 등에서 갖가지 아리랑이 적지 아니 흘러나왔던 일들이 떠오른다. 일제시대에 눌림과 닫힘의 상황 속에서 아리랑을 열창(熱唱) 내지 은창(隱唱)했던 것이, 해방 후부터는 마음껏 열창하는 시간대와 공간대를 만나게 된 것이다.[3]

해방정국의 혼란 속에 새로 창작된 〈아리랑〉을 찾기는 쉽지 않다. 그래서 1948년에 나온 〈아리랑 삼팔선〉은 단연 눈에 띈다.

아리랑 삼팔선

38선 고개는 못넘는 고개
3천만 원한이 사못치고나
　　아리랑 아리랑 아라리요
　　38선 고개는 못넘는 고개

네가 잘나서 해방이든가
숫자가 나빠서 따라지로다
　　아리랑 아리랑 아라리요
　　38선 고개가 원수로다

38선 고개에 사라진 낭군
3년째 들어도 소식이 없네
　　아리랑 아리랑 아라리요
　　38선 고개는 못넘는 고개

나를 버리고 가시는 님은
38선 고개서 발병이 나요
　　아리랑 아리랑 아라리요

38선 고개는 못넘는 고개

아리랑 고개는 넘기나 하련만
38선 고개는 넘지도 못해
아리랑 아리랑 아라리요
38선 고개에 가마귀운다[4]

광복의 기쁨을 즐기지도 못한 채 혼란한 해방 공간, 참혹한 3년 전쟁과
남북분단, 그리고 전쟁의 참화로 파괴된 국토에서 생활하며 이를 복구해
야 하는 국민의 삶은 '고됨'의 연속이었다.

이런 어수선한 상황에서 〈아리랑〉을 비롯한 우리 전통가요가 미처 온
전히 되살아나기도 전에 양풍(洋風)이 휘몰아쳤다. 왜풍(倭風)이 쫓겨난 자
리를 양풍이 꿰차고 들어섰다.

해방 공간의 대중가요계는 사실상 자생적인 것보다 외래적 영향에 의해
유입된 구미(歐美)의 각종 음악에 귀를 기울일 수밖에 없었다. 그것은 미군
의 상륙이라는 상징적 사건과 관련된다. 그들이 가지고 온 재즈의 선풍과
라틴 음악적 색채는 리드미컬하고 이국적인 향기를 풍기는 노래들을 생산
케 하였다.[5]

그렇다고 자생력이 강한 〈아리랑〉이 사람들에게 완전히 잊히거나 묻힌
건 아니었다. 〈아리랑〉은 이내 다른 형태로 변주되었다. 1953년에는 〈아
리랑 맘보〉(나화랑 작사, 현동주 작곡, 전영주 노래)라는 노래가 유행했다. 1955년에

는 대중잡지 ≪아리랑≫이 삼중당에서 창간되어 많은 독자를 확보했다. 또한 전매청은 1958년에 최초의 '아리랑' 담배를 제조·판매했다.

'아리랑'은 노래뿐만이 아니라 각종 다양한 분야의 상표로도 널리 쓰였다. 아리랑 음악교실, 아리랑 사진관, 아리랑 식당, 아리랑 다방, 아리랑 여관, 아리랑 미용실 등 대중이 선입견이나 부담감 없이 이용할 수 있는 각종 상표의 이름으로 인기를 끌었다.

또한 많은 문인과 학자들이 '아리랑'을 주제로 시와 수필, 소설을 썼다. 지금의 시각으로는 걸맞지 않지만, '아리랑'을 포함한 각종 담배 이름으로 노랫말을 지은 〈국산 연초 아리랑〉(월견초 작사, 손목인 작곡, 김용만 노래)은 애연가들의 사랑을 받았다. 여기에는 양담배 대신 국산 담배를 애용하자는 애국심도 담겼다.

국산 연초 아리랑

아리랑 연기 속에 사랑이 피고 아리랑 피어물면 행복이 오네요

아리랑 고개에 사슴이 놀고 쓰리랑 고개에 백양이 논다 파랑새 피우는

마을 오곡이 익어 풍년초 연기마다 얼씨구 절씨구 에헤요 풍년이 온다.

아리랑 고개에 진달래 피고 진달래 꽃 위에 나비 춤춘다 양담배 피우는

마을 눈물이 오고 풍년초 피우는 마을 얼씨구 절씨구 에헤요 웃음이 온다

진달래 고개에 사슴에 백양 파랑새 진달래 나비 연기는 피우는 사람마

다 슬픔을 잊고 내일의 새 희망이 얼씨구 절씨구 에헤요 찾아온다[6]

왜색(倭色)·양풍(洋風)에 편승한 '아리랑'

우리 근현대사는 어렵지 않은 때가 별로 없었다. 1950~60년대도 마찬가지였다. 정치적으로는 이승만 자유당 독재에 이어 박정희 군부독재가 군림하면서 일상이 통제되었다. 경제적으로는 국민 대부분이 보릿고개를 힘들게 넘어야 했고, 공업화 추진으로 이촌 현상이 두드러졌으며, 문화적으로는 서양음악에 이어 어느 틈에 왜색가요가 다시 유행했다.

군가로 애창되던 〈전우여 잘자라〉, 피난살이의 애환과 이별의 아픔을 담은 〈굳세어라 금순아〉, 〈고향초〉, 〈울고 넘는 박달재〉, 〈이별의 부산정거장〉, 〈단장의 미아리고개〉 등이 인기를 얻었다. 또 때아닌 '맘보'가 유행을 탔다.

> 통이 좁은 바지가 '맘보바지'라는 이름으로 유행했고, 무언가 색다른 것이면 무조건 앞에 '맘보'라는 말이 자연스럽게 나붙었다. 또한 시내 곳곳에는 속칭 '아르바이트 홀'이라고 불리웠던 비밀 댄스홀이 전성기를 이루었고, 이 비밀 댄스홀의 최고 고객은 바로 부녀자들이었다. 이러한 사회 풍속의 퇴폐성을 작가 정비석이 『자유부인(自由夫人)』이라는 신문 연재소설을 통해 드러내기 시작하자 사교춤에 대한 사회적 여론이 들끓기 시작했다. (…)
>
> 사교춤의 붐을 몰고 온 맘보의 유행은 이처럼 센세이셔널한 사건을 몰고 몇 년을 더 지속하였으며, 이러한 맘보 선풍에 편승하여 가요계에는 〈도라지 맘보〉(나화랑 작사, 나화랑 작곡, 심연옥 노래, 1953), 〈닐니리 맘보〉(탁소연 작사, 나화랑 작곡, 김정애 노래, 1952) 등의 노래가 쏟아져 나오게 되었다.[7]

'맘보'가 유행하자 아리랑에도 '맘보'가 붙은 노래 〈아리랑 맘보〉가 등장했다.

아리랑 맘보

아리랑 아리아리아리랑 쓰리랑 쓰리쓰리쓰리랑

아리랑 맘보 아리랑 맘보 쓰리랑 맘보 쓰리랑 맘보

나를 버리고 가시는 님은 십리도 못가서 와

아리아리아리랑 쓰리쓰리쓰리랑

나를 버리고 간다면 십리도 못가서 와

청청한 하늘에는 별도나 많은데

우리내 가슴속에는 수심도 많다네 와

아리아리아리랑 쓰리쓰리쓰리랑

아리랑 맘보 와

쓰리쓰리쓰리랑 아리아리아리랑

쓰리랑 맘보 와[8]

이승만의 폭압 통치와 3·15 부정선거는 마침내 4·19 혁명을 불러왔다. 학생들은 〈애국가〉와 〈아리랑〉을 부르며 시가행진을 하고, 시민들은 이를 박수 치고 따라 부르면서 응원했다. 그러나 자유의 시공(時空)은 짧았다.

1961년에 박정희가 5·16 쿠데타를 일으킨 뒤 정권까지 잡았다. 친일 성향의 박정희 정권이 들어서자 1960년대 중반 들어 왜색가요가 세를 확장하고, 이미자의 〈동백아가씨〉와 문주란의 〈동숙의 노래〉 등이 크게 유행했다.

'왜색가요'에 대한 비판이 부담스러웠던지, 이미자는 1961년 TBC 연속극 주제가로 〈아리랑 산천〉(이운석 작사, 박춘석 작곡)에 이어, 1966년에는 〈진도 아리랑〉(이석구 작사, 박춘석 작곡)을 불러 인기를 끌었다.

아리랑 산천

서러움이 별만치 쏟아진 고개
그리움이 밤마다 이슬에 젖어
정자나무 아래서 맹세한 사람
복사꽃 피는 고향 찾아 서면
아리랑 피리 소리 눈시울이 뜨거워

안타까운 사연을 묻어둔 고개
외로움은 밤마다 달빛에 젖어
사랑하는 그이가 기다리는 곳
살구꽃 피는 고향 찾아 서면
햇살이 따사로워 눈시울이 뜨거워[9]

진도 아리랑

붉은 댕기 다홍치마 동백꽃 따서
머리에 꽂고 쌍고동 소리만 기다린다네

아리랑 쓰리랑 아라리요

진도나 아가씨 생성화 났네

일엽편주 달빛싣고 정처도 없이

떠나는 배야 이제나 가며는 어느때 오나

아리랑 쓰리랑 아라리요

진도나 아가씨 몸부림치네[10]

유신체제 폭압 속 '아리랑' 풍작

한국의 1970년대는 유신 시대였다. 이른바 '유신 귀신'이 긴급조치라는 도깨비방망이를 휘두르며 국민을 겁박했다. 일개 행정명령으로 국민의 기본권이 제약되고, 군사재판소를 설치하여 민간인들을 법정에 세웠다.

이에 저항하는 분위기여서인지 아니면 이를 회피하려는 의도에서인지는 분간하기 어려우나, 유신 선포 초기인 1972~73년에 여러 편의 '아리랑' 노래가 제작되어 힘겨워하는 국민을 위로했다. 먼저, 1972년에 〈이슬비 오는 아리랑 고개〉(이인선 작사, 신일동 작곡, 오기택 노래)가 출시되었다.

이슬비 오는 아리랑 고개

당신과 헤어질때 이슬비 오던 아리랑 고개

이별이 서러워서 느껴 울던 아리랑 고개

나를 버리고 가시는 님은 십리도 못간다고
당신이 먼저 말해주고 먼저 넘던 고갯길
아리랑 아라리요 이슬비 오는 아리랑 고개

당신과 헤어질 때 이슬비 오던 아리랑 고개
그래도 잊지 못해 울고 넘던 아리랑 고개
나를 버리고 가시는 님은 십리가 천리던가
당신이 먼저 떠나가고 혼자 울던 고갯길
아리랑 아라리요 이슬비 오는 아리랑 고개[11]

　　1973년에는 〈신 아리랑〉(신동윤 작사, 이대영 편곡, 김하정 노래)과 〈아리랑 차
차차〉(하기송 작사·작곡, 이주희 노래)가 차례로 대중에게 선보였다.

신 아리랑

아리랑 아리랑 아아라리요
아리랑 고개 너머너머 누가 있을까요
나만을 기다리는 님이 있어요
달려라 어서 가자 가자 님에게로 가자
힘이 솟아난다 힘이 솟아난다

아리랑 아리랑 아아라리요
아리랑 인생 고개고개 웃으며 넘자

하늘에 밝은 해는 싱글벙글벙글

얼씨구 알찬 보금자리 님에게로 가자

힘이 솟아난다 힘이 솟아난다[12]

아리랑 차차차

아리랑 쓰리랑 열두고개

님이 넘지 못해 울던 고개

아리랑 아리랑 아라리요

응 응… 아리랑 설움고개

아리랑 쓰리랑 날 넘겨주오[13]

1973년은 우리 대중음악사에서 '아리랑'이 풍작이던 해이다. 억압 체제에 대한 반항인지, 양풍과 왜색가요에 대한 저항인지 '아리랑' 신곡들이 잇달아 소개되었다. 그중에서 〈아리랑 풍년〉(박춘석 작사·작곡, 황금심 노래)과 〈아리랑 메들리〉(나화랑 편곡, 김부자 노래)가 크게 인기를 얻었다.

아리랑 풍년

아리랑 풍년일세 아리랑 풍년일세

동네방네 방아소리 흥겹게 들리네

아리랑 삼천리 금수나 강산

지화자 삼천리 금수나 강산

지화자 좋다 얼씨구 좋아 살기도 좋구나
올해도 내년에도 아리랑 풍년일세

아리랑 풍년일세 아리랑 풍년일세
방방곡곡 농악소리 흥겹게 퍼지네
아리랑 삼천리 금수나 강산
지화자 삼천리 금수나 강산
지화자 좋다 얼시구 좋아 살기도 좋구나
올해도 내년에도 아리랑 풍년일세[14]

아리랑 메들리

아리랑 아리랑 아라리요
아리랑 고개를 넘어간다
나를 버리고 가시는 임은
십리도 못 가서 발병난다

문경새재는 몇구비인가
굽이야 굽이굽이가 눈물이로구나

새가 날아든다 온갖 잡새가 날아든다
말 잘하는 앵무새 편지 배달에 두루미
굽이굽이 칠백리 날아드는 물총새야

이화도화에 가지찾아 생긋이 날아든다

저 쑥국새가 울음 운다 울어울어 울음 운다

이산으로 가면 쑥국~ 저산으로 가면 쑥쑥국~

어허~ 어허~ 어허~ 좌우로 다 울음운다

명랑한 새 울음운다 저 꾀꼬리가 울음운다

이데로 가나 이쁜새 이데로 가나 귀여운새

온갖 소리를 모른다 하여~ 울음운다

아리 아리랑 쓰리 쓰리랑 아라리가 났네

아리랑 홍 홍 아라리가 났네[15]

긴급조치 시대의 인기가요, '아리랑'

유신체제의 폭력성은 음악·예술계라고 비켜 가지 않았다. 걸핏하면 가요 규제와 방송 금지 조치를 함으로써 음악인들의 목줄을 조였다.

1975년 6월, 유신정권은 한국공연예술윤리위원회를 만들어 국내 대중가요의 재심 경위 및 금지곡 목록을 발표했다. 「대중가요 재심의 원칙과 방향」에서 제시한 심의기준은 다음과 같다.

① 국가안보와 국민총화에 악영향을 줄 수 있는 것, ② 외래 풍조의 무분별한 도입과 모방, ③ 패배·자학·비관적인 작품, ④ 선정·퇴폐적인 것

심의기준대로만 시행했으면 그나마 덜 아프지 않았을까. 그러나 한국
공연예술윤리위원회가 발표한 금지곡 목록에는 신중현의 〈거짓말이야〉와
이장희의 〈그건 너〉 같은 노래들이 포함되었다. 노랫말에서 특정인을 지
목한 것도 아닌데 '심증'만으로 박정희 대통령을 비방했다는게 이유였다.

유신의 폭력이 제아무리 날뛰는 척박한 땅에서도 '아리랑'은 부활하
고 있었다. 압제가 심할수록 가수들이 '아리랑'을 들고 나왔기 때문이다.
1976년에 각 텔레비전 방송국의 '10대 인기가요'에 김훈의 〈나를 두고 아
리랑〉과 김상희의 〈즐거운 아리랑〉, 하춘화의 〈대관령 아리랑〉이 뽑히면
서 다시 '아리랑' 열풍이 불었다.

나를 두고 아리랑

나를 나를 나를 두고 산 넘어 가시더니
한달 두달 해가 또가도 편지 한장 없네
언제 오시려나 그리운 내님 보고싶은 내님
돌아와주오 나를 잊지 말고 무정한 내님아
나를 나를 나를 두고 산 넘어 가시더니
한달 두달 해가 또가도 편지 한장 없네

나를 나를 나를 두고 물 건너 가시더니
한달 두달 해가 또가도 편지 한장 없네
언제 오시려나 그리운 내님 보고싶은 내님
돌아와주오 나를 잊지 말고 무정한 내님아

나를 나를 나를 두고 물 건너 가시더니

한달 두달 해가 또가도 편지 한장 없네

편지 한장 없네 편지 한장 없네[16]

대관령 아리랑

굽이굽이 넘어간다 대관령 고개길 나를 두고 가는 님아

산이 가고 물도 가고 차도 가니 님도 간다

유수같은 세월 속에 강산도 변하는구나 강산도 변하는구나 에헤이야

구름도 쉬어 넘던 고개 대관령 고개

서울 길이 멀어 돌고돌던 고갯길 옛말이 되었구나

굽이굽이 넘어간다 대관령 고개길 나를 두고 가는 님아

구름 가고 달이 가고 봄도 가니 꽃이 진다

유수같은 세월 속에 초목도 변하는구나 초목도 변하는구나 에헤이야

기러기도 쉬어 넘던 고개 대관령 고개

서울 길이 멀어 돌고돌던 고갯길 옛말이 되었구나 옛말이 되었구나 음음[17]

즐거운 아리랑

라라라라라라라 꽃이 피는 아리아리랑

라라라라라라라 노래하는 아리아리랑

산에 사는 새야 쌍쌍이 보기 좋아 고개 넘어 나도 사랑을 찾아가네

길은 멀어도 즐거운 마음 눈에 보이네 그리운 얼굴

푸른 산처럼 우리 사랑은 언제나 즐거워 울면서 넘던 아리랑 고개 웃으며

넘는다

라라라라라라라 꽃이 피는 아리아리랑 라라라라라라라 노래하는 아리아

리랑 아리아리랑[18]

폭압적인 군사독재 시절의 '아리랑 변주곡'

1980년대는 벽두에 '유신의 사생아' 전두환과 노태우 군부 세력이 광주
시민을 살육하면서 권력을 찬탈하여 5공 정권을 수립하는 폭압으로 시작
되었다. 민주주의가 실종된 상태에서 관제 언론이 춤을 추고 어용 문인과
예술인들이 곡쟁이 노릇을 일삼았다. 히틀러 나치 시대에 독일에서 이렇
다 할 문학, 음악, 예술작품이 나오지 못했듯이 한국의 실정도 그와 다르
지 않았다.

광주시민들은 5월 항쟁 때 〈애국가〉와 〈아리랑〉을 부르며 신군부에 저
항했다. 아직 〈님을 위한 행진곡〉이 나오기 전이었다. 광주의 처절한 저
항을 계기로 민주화의 열기는 전국으로 확산했다. 이런 가운데 각종 저항
가요가 만들어지고, 미술·연극·춤·문학 등 여러 예술 분야의 문화운동이
들불처럼 일어나 활활 타올랐다.

70년대 긴급조치 시대를 지나고 80년의 일시적 좌절을 겪은 민주화운
동은, 이른바 '대중노선'이라는 새로운 운동원칙 아래 70년대의 전위적 운

동 방법과 조직 원리를 부분적으로 수정하기에 이르렀다.

　70년대에 〈흔들리지 않게〉, 〈훌라송〉, 〈정의가〉, 〈해방가〉, 〈농민의 노래〉 등 극소수에 지나지 않았던 운동가요들이 80년대 들어 폭발적인 양적 팽창을 이룬 것은, 대중을 기반으로 하지 않는 운동은 필연적으로 실패할 수밖에 없다는 자각과 대중 확보에 대한 운동의 객관적 요구가 결과한 전반적인 변화의 한 양상이다.[19]

　이즈음(1983년) 〈아리랑 변주곡〉(손목인 작사·작곡, 박재란 노래)이 대학가와 산업현장에서 널리 불렸다. '아리 쓰리'에 유난히 엑센트가 강한, 그래서 시대의 아픔을 은유하는 것처럼 들렸다.

아리랑 변주곡

아리랑 쓰리랑 아리랑 아리랑 아리랑

아리랑 쓰리랑 아리 쓰리 아리 쓰리 아리랑 아리랑 아리랑

꼬불꼬불 첫째고개 첫사랑을 못 잊어서 울고 넘던 고개

꼬불꼬불 둘째고개 둘도 없는 님을 따라 울고 넘던 아리랑 고개

꼬불꼬불 셋째고개 셋방살이 36년에 울고 넘던 아리랑 고개

꼬불꼬불 넷째고개 네가네가 내 간장을 쓰리살짝 가는 고개

꼬불꼬불 다섯째 고개 다홍치마 첫날밤을 방구뀌고 쫓겨난 고개

아리랑 고개를 넘어 넘어서 해방의 고개로 넘어간다[20]

광주민주화운동과 반(反)5공투쟁으로 수많은 시민·학생·노동자가 다치

거나 죽고, 투옥되었다. 행방불명된 경우도 적지 않았다. 1985년에 발표된 〈아리랑 처녀〉(박건호 작사, 최주호 작곡)에는 이런 아픔이 배어 있다.

아리랑 처녀

오며가며 한 개씩 놓고 간 돌이
쌓이고 쌓여서 탑이 되었건만
한번 가신 그 님은 돌아올 줄 모르고
무심한 세월만 흘러가더라
아리 아리 아라리요 아리랑 고개 위에서
오늘도 님 기다리시는 아리랑 처녀

기다려도 그 님은 소식이 없고
그리움은 탑이 되어 쌓여만 가는데
내 가슴에 붙은 불은 꺼질 줄도 모르고
세월이 흐를수록 더해만 간다
아리 아리 아라리요 아리랑 고개 위에서
오늘도 님 기다리시는 아리랑 처녀

깊고 깊은 숲속엔 온갖 잡새가
저마다 흥에 겨워 노래 부르건만
천년만년 살자하던 그 님의 목소리는
어이해 안 들리나 나를 울리네

아리 아리 아라리요 아리랑 고개 위에서

오늘도 님 기다리시는 아리랑 처녀[21]

1972년부터 남북 이산가족 교류에 대한 논의가 시작됐으나 우여곡절 끝에 1985년 9월에야 남북 이산가족의 고향 방문길이 열렸다. 그해에 남북 합동공연예술단이 조직되어 〈아리랑〉을 새로 짓고 행사장에서 연주했다.

아리랑

어두운 세월은 다 지나가고

희망찬 새아침 밝아온다

    아리랑 아리랑 아라리요

    아리랑 고개로 넘어간다

복된 내일을 기약하며

육천만 하나로 뭉쳐서 간다

    아리랑 아리랑 아라리요

    아리랑 고개로 넘어간다

우리네 모두가 형제 자매

내 몸처럼 아끼며 살아가세

    아리랑 아리랑 아라리요

    아리랑 고개로 넘어간다[22]

한편으로는 남북 관계를 이렇게 풀어가고 있었지만, 군사독재정권하에서 정작 남쪽 대한민국의 노동자과 농어민들의 삶은 갈수록 어려워졌다.

이 무렵 1980년대에 활발하게 전개되던 민중문화운동의 일환으로 민요연구회(대표 신경림 시인)가 결성되어 현대의 민요운동이 활발하게 펼쳐졌다. 이와 함께 노동계에는 노동자 민중들의 이런 아픔을 담은 〈아리랑 타령〉(1985)이 불렸다.

다음은 기존의 〈아리랑 타령〉을 민요연구회가 일명 '노가바(노래 가사 바꿔 부르기)'한 것이다.

아리랑 타령

아리아리 아리아리 아라리요
아리랑고개로 잘 넘어간다

정신없이 돌아가는 하루 일과
눈감았다 뜨고봐도 어질어질
아리아리 아리아리 아라리요
아리랑고개로 잘 넘어간다

힘들다 힘들다 외치지 마라
힘들다 외치면 더 힘들지
아리아리 아리아리 아라리요
아리랑고개로 잘 넘어간다

언제나 마음 편히 부담없이
마음껏 잠이나 잘 수 있나
　　아리아리 아리아리 아라리요
　　아리랑고개로 잘 넘어간다

누구네 아버지 자가용 타고
우리네 아버지 버스 타네
　　아리아리 아리아리 아라리요
　　아리랑고개로 잘 넘어간다[23]

　1980년대 후반 가요계를 풍미한 노래는 서유석이 부른 〈홀로 아리랑〉(한돌 작사·작곡, 1989)이라는 민요풍의 대중가요다. 서유석은 10년 만에 이 노래로 활동을 재개하면서 수익금은 '푸른 독도'를 가꾸는 데 보태겠다고 다짐했다. 한국 정계의 혼란을 틈타 일본이 우리 고유 영토인 독도를 넘보면서 이를 지키자는 의지가 담겨 널리 애창되었다. 그 인기는 계속 이어져 지금은 '국민가요'가 되었다.

홀로 아리랑

저 멀리 동해바다 외로운 섬 오늘도 거센바람 불어오겠지
조그만 얼굴로 바람 맞으니 독도야 간밤에 잘 잤느냐
　　아리랑 아리랑 홀로 아리랑 아리랑 고개를 넘어가보자
　　가다가 힘들면 쉬어가더라도 손잡고 가보자 같이 가보자

금강산 맑은 물은 동해로 흐르고 설악산 맑은 물도 동해 가는데

우리네 마음들은 어디로 가는가 언제쯤 우리는 하나가 될까

　아리랑 아리랑 홀로 아리랑 아리랑 고개를 넘어가보자

　가다가 힘들면 쉬어가더라도 손잡고 가보자 같이 가보자

백두산 두만강에서 배 타고 떠나라 한라산 제주에서 배 타고 간다

가다가 홀로 섬에 닻을 내리고 떠오르는 아침 해를 맞이해보자

　아리랑 아리랑 홀로 아리랑 아리랑 고개를 넘어가보자

　가다가 힘들면 쉬어가더라도 손잡고 가보자 같이 가보자[24]

　이 무렵 〈아리랑〉은 굳게 닫힌 남북의 철문을 다시 여는 통일의 노래가 되었다. 스포츠 행사에서 〈아리랑〉이 불리면서 체제와 이념의 벽을 넘어서는 감동적인 모습이 연출되었다.

　한편 이 시기에 학생들과 노동자들의 각종 집회에서는 〈밀양 아리랑〉의 가사를 바꾼 아리랑이 많이 불렸다. 개사된 〈밀양 아리랑〉의 노랫말은 다음과 같다.

날 좀 보소 날 좀 보소 날 좀 보소

동지 섣달 꽃본 듯이 날 좀 보소

　아리 아리랑 쓰리 쓰리랑 아라리가 났네

　아리랑 고개로 날 넘겨주소

이불이 들썩 천장이 들썩 지붕이 들썩

혼자 자다가 둘이 자니 동네가 들썩

　　아리 아리랑 쓰리 쓰리랑 아라리가 났네
　　아리랑 고개로 날 넘겨주소

공장이 들썩 공단이 들썩 인천이 들썩
우리 노동자 단결하니 전국이 들썩

　　아리 아리랑 쓰리 쓰리랑 아라리가 났네
　　아리랑 고개로 날 넘겨주소

과장이 벌렁 상무가 벌렁 사장이 벌렁
민주 노조 결성되니 회장이 벌렁

　　아리 아리랑 쓰리 쓰리랑 아라리가 났네
　　아리랑 고개로 날 넘겨주소

학생도 단결 농민도 단결 민주시민도 함께
우리 노동자 앞장서니 온 나라 불끈

　　아리 아리랑 쓰리 쓰리랑 아라리가 났네
　　아리랑 고개로 날 넘겨주소[25]

아리 아리랑
서리 서리랑
아라리가 낫네
아리랑 응응응
아라리가 낫네

5. 〈아리랑〉, 예술로 꽃피다

겨레의 혼을 깨운 나운규의 영화 〈아리랑〉

8·15 해방 80주년을 몇 해 앞두고 있는데, 우리 독립운동과 관련해 아직 찾지 못한 두 가지 사료가 있다. 하나는 대한민국 임시정부가 충칭(重慶)에서 1941년 12월 9일 김구 주석과 조소앙 외교부장 명의로 선포한 「대일선전성명서」(선전포고문) 원본이고, 다른 하나는 1926년에 청년 나운규가 제작하여 식민지 국민의 절대적 성원을 받으며 전국 구석구석에서 상영되었던 영화 〈아리랑〉의 필름이다.

「대일선전성명서」는 타이완의 사료관이나 미국 워싱턴의 사료관 어디에 있을 것이고, 〈아리랑〉의 필름은 일본의 어느 곳에 숨겨져 있을 것이다.

해방 전후를 통틀어 한 편의 영화가 국민의 뜻과 마음을 하나로 묶은 것은 〈아리랑〉이 처음이었다. 또한 이 영화로 영화의 주제가인 구전민요 〈아리랑〉은 겨레의 노래이자 항일정신을 고취시키는 애국가요로 격상되었다.

그럼, 먼저 나운규는 어떤 사람인지 알아보자.

나운규는 1902년 10월 27일 함경북도 회령에서 약종상과 나형권의 6 남매 중 셋째 아들로 태어났다. 16세(1917)에 조정옥과 결혼하고, 이듬해에 간도 명동중학교에 입학했다. 1919년 3·1 혁명 당시에 회령 만세사건 주동자로 활동해 일본 경찰의 수배를 당하자 이를 피해 만주를 거쳐 러시아로 건너갔다. 1년 뒤 다시 간도로 돌아와 독립군 비밀조직 도판부에 가입하고, 서울 중동학교에 입학한다. 도판부는 비밀결사대였다. "나운규의 은사이기도 했던 박용운(朴龍雲)이 책임자였던 도판부는 독립군이 간도에서 회령으로 진격하기 전 터널이나 전신주를 파괴하는 임무를 띤 결사대였다. 전문적인 훈련을 받기 위해 청산리 인근으로 갔던 나운규는 그곳에서 만난 나이 지긋한 독립군에게 '당신 똑똑한데 군대 말고 공부를 해라'라는 조언을 듣는다. 공부를 통해서 더 큰 독립운동을 할 수 있다는 충고에 나운규는 독립군 부대를 나와 서울로 간다.'"

1921년, 중동학교에 다니던 중 도판부 사건 혐의자로 체포되어 3월 5일에 보안법 및 제령 제7호 위반 혐의로 2년 형을 선고받고 청진형무소에 수감된다. 이때 감옥에서 춘사(春史)라는 호를 얻었다.

1923년 3월 5일에 만기 출소한 뒤 회령으로 돌아와 12월에 극단 예림회에 가입한다. 이듬해에 23세의 나이로 부산 조선키네마주식회사에 연구생 배우로 입사하며 희극인의 삶을 걷게 된다. 1925년(24세)에 조선키네마주식회사 제2회 〈운영전〉의 단역, 〈심청전〉(윤백남프로덕션)의 심봉사 역으로 출연하고, 1926년(25세)에 〈장한몽〉(계림영화협회)에 출연했다. 같은 해에 조선키네마프로덕션에 입사하고, 〈농중조〉에 출연했다.

그리고 나운규가 원작·감독·각본·주연으로 참여한 〈아리랑〉이 개봉되어 선풍적 인기를 얻고, 〈풍운아〉의 각색·감독·주연을 맡았다.

1927년(26세)에 〈야서(野鼠, 들쥐)〉의 원작·각색·주연을 맡고, 〈금붕어〉의 각색·감독·주연을 맡았다. 그해에 조선키네마프로덕션을 탈퇴하고 나운규 프로덕션을 설립해 제1회 작품으로 〈잘 있거라〉를 제작(원작·각색·감독·주연) 했다. 이후 나운규프로덕션에서 〈옥녀〉, 〈사랑을 찾아서〉, 〈사나이〉(1928), 〈벙어리 삼룡〉(1929)을 제작한 뒤 나운규프로덕션은 해산된다.

1930년(29세)에는 '찬영회' 사건에 연루되었다. "찬영회는 건전한 영화 평론을 통해 한국 영화를 보호하고, 회원간의 교류를 증진한다는 취지로 1929년에 설립되었으나, 실제로는 영화인들에 대한 압력단체 역할을 하였다. (…) 1931년 1월 1일 나운규·윤봉춘·서월영·복혜숙 등 신년 하례 모임을 가졌던 영화인들이 동아일보·조선일보·중앙일보 등에 난입해 소동을 피운, 이른바 '찬영회 사건'은 찬영회의 평소 활동이 영화인들의 불만 대상이었던 데서 생긴 일이다. 이 일을 계기로 찬영회는 해산하였다."[2]

이후 그가 출연하거나 감독·제작한 작품으로 〈아리랑 후편〉(주연, 1930, 원 방각사), 〈정인도〉(주연, 1930, 원방각사), 〈금강산〉(주연, 1931, 도야마프로덕션), 〈남편은 경비대로〉(1931, 도야마프로덕션), 〈개화당 이문〉(감독·주연, 1932, 원방각사), 〈임자없는 나룻배〉(주연, 1932, 유신키네마), 〈종로〉(주연, 1933, 대구영화촬영소), 〈칠번통 소사건〉(주연·각본·감독, 1934, 조선키네마사), 〈무화과〉(감독, 1935, 조선키네마사), 〈아리랑 제3편〉(각색·감독, 1935, 발성), 〈오몽녀〉(각색·감독, 1935) 등이 있다.

1934년(33세)에 극단 '형제회'(성원 일행)에 소속되어 지방 순회공연을 다녔고, 1935년에 미발표 시나리오 「황무지」를 집필한다. 그러던 1936년 8월 9일, 나운규는 35세라는 젊은 나이에 세상을 떠났다. 영결식은 영화인장으로 치러졌다.[3]

나운규는 이렇듯 뛰어난 배우이자 감독이며 작가였다. 1926년 10월 1

춘사 나운규.

일, 25세의 청년인 나운규가 '각본·감독·주연'의 1인 3역을 맡은 영화 〈아리랑〉이 개봉되었다. 상영이 끝날 무렵 극장 단성사 안은 온통 눈물바다가 되었고, 관객들은 모두 일어나 영화의 주제곡인 〈아리랑〉을 따라 불렀다. 관객 중에는 "조선 독립 만세"를 외치는 사람도 있었다.

　　아리랑 아리랑 아라리요
　　아리랑 고개를 넘어간다

　　나를 버리고 가시는 님은
　　십리도 못가서 발병나네
　　　아리랑 아리랑 아라리요

아리랑 고개를 넘어간다

청천하늘에 별도 많고
우리네 살림살이 말도 많다
　아리랑 아리랑 아라리요
　아리랑 고개를 넘어간다

산천 초목은 젊어만 가고
인간의 청춘은 늙어만 가네
　아리랑 아리랑 아라리요
　아리랑 고개를 넘어간다

문전 옥답은 어디다 두고
쪽박 살림살이가 웬일인가
　아리랑 아리랑 아라리요
　아리랑 고개를 넘어간다

　이때부터 영화의 주제가였던 〈아리랑〉의 노랫말은 이후 민요 아리랑
의 '정본'처럼 인식되고, 국내외 한인 사회에서 길이길이 불리게 되었다.
1920년대 암울한 조선 사회에 돌풍을 일으킨 이 영화의 줄거리는 다음과
같다.

　어느 마을에 철학을 연구하다 사립전문학교를 중퇴한 영진이란 청년이

있었다. 그는 독립만세운동에 가담했다가 일제의 혹독한 고문으로 정신에 이상을 일으켜 고향에 돌아와 무위도식하고 있었다. 그에게는 많은 부채로 쪼들림을 받는 늙은 아버지와 귀여운 누이동생 영희가 있었다. 이 농촌의 지주 천가(天哥)의 하인인 오기호는 영희에게 야심을 품고 빚 독촉을 핑계로 매일같이 영진의 집을 드나든다. 이런 오기호만 만나면 영진은 용케도 알아보고 언제나 덤벼드는 것이다. 기호는 영진을 해하려고 천가네 집으로 달려가 사주를 한다. 천가는 하인을 풀어 영진을 포박한다. 결박을 당한 채 땅에 뒹구는 영진을 전부터 사모하던 명순이 동네 사람 틈에서 이를 보고 영진의 부친에게 알린다. 영진의 부친은 한 번만 봐달라고 기호에게 매달려 애원한다. 때마침 동네 사립학교 교장인 박 선생이 지나가다 도와주게 되어 영진은 풀려난다. 박 선생은 영진의 스승으로 누구보다 영진을 사랑해온 터였다.

때마침 이 마을에는 반가운 소식이 전해졌다. 영진과는 보통학교 동창생으로 죽마지우인 윤현구가 고향으로 온다는 소식이다. 그는 서울에서 대학에 다니고 있었는데 여름방학이 되어 귀향한다는 것이다. 박 선생을 필두로 여러 사람들이 마중하러 아리랑 고개까지 나간다. 사각모자를 쓰고 늠름한 태도로 나타난 현구는 우선 친구인 영진을 찾는다. 정신병자가 되었다는 말을 듣고 현구는 힘없이 영진네 집으로 발을 옮긴다. 그러나 영진은 아리랑의 곡조만 흥얼거릴 뿐 현구를 알아보지 못한다. 영진은 노래를 부르며 혼자서 덩실덩실 춤을 추다가 방으로 들어가버린다.

며칠 후 이 마을에는 풍년맞이 농악놀이가 벌어진다. 동네 사람들은 제각기 고깔을 쓰고 장구를 메고 흥겹게 춤을 춘다. 이때 천가는 주재소 주임인 일본인 순사를 집에 청해놓고 자기의 첩으로 하여금 술대접을 하며 영진이 아버지를 이 마을에서 쫓아내달라고 부탁을 한다. 주임은 염려 말라고 장담을 한다. 한편 흥겨운 풍악소리를 듣고 있던 영진은 뜰로 내려가 기둥에 걸린 낫을 떼어서 세수대야를 두드리며 춤을 추다가 담을 뛰어넘어 사라져버린다. 현구는 위험한 연장을 들고 나간 영진을 따라 나가고 집안에는 영희 혼자만 남게 된다.

이때 기회를 노리던 오기호는 살며시 들어와 영희의 정조를 요구하며 덤벼든다. 그럴 즈음 영진이 춤을 추며 논두렁을 돌아가는 것을 본 명순은 그것을 알리려고 영진네 집으로 달려간다. 마침 현구가 영진네 집에 왔다가 오기호의 짓을 목격하고 오기호와 치열한 격투를 벌인다. 현구는 기호에게 맞아 정신을 잃게 되고 이것을 본 영희는 비명을 지른다. 영진이 그 비명을 듣고 자기 집 담 위로 뛰어오른다.

영진이 담 위에서 이 광경을 바라보는 순간 영진의 망막엔 마당 위의 광경이 아라비아 사막의 환상으로 바뀐다. 물을 가지고 있는 상인(오기호)과 목이 말라서 물을 달라고 애걸복걸하는 젊은 남녀(현구와 영희)의 모습. "여보세요. 물 좀 주세요" 하는 간절한 애원. "야 이 젊은 계집아, 네가 저 젊은 사나이를 버리고 나를 따라온다면 물은 얼마든지 줄 수 있다. 자 보아라, 이 쏟아지는 물을 아하하하…" 하는 비웃는 소리.

순간 영진의 시야는 현실을 보게 된다. 오기호, 현구, 그리고 영희의 모습. 그러나 그것도 잠시, 다시 환상이 비친다. 마침 목이 타는 젊은이는 할 수 없이 상인에게 덤벼들고 결투가 벌어진다. 젊은이의 위기를 본 영진은 사막에 뛰어들어 상인의 목을 낫으로 찔러 쓰러뜨린다. 오기호는 영진의 낫에 찔려 피를 흘리며 고꾸라지고 이 소식을 들은 동네 사람들이 모여든다.

영진은 피투성이가 된 자신을 발견한다. 자기를 둘러싼 사람들의 얼굴을 더듬어 보던 영진이 별안간 울음소리를 내며 한걸음 물러선다. 잠시 후 그의 눈이 번쩍하고 빛난다. 그는 현구의 손을 덥석 잡고는 "현구! 자네 현구가 아닌가?" 그러고는 "아버지" "영희야" 소리친다. 영진은 충격으로 이제야 본정신이 돌아온 것이다. 이때 주재소 주임이 그의 손을 포승으로 묶는다. 영진은 그제야 자기가 살인한 사실을 깨닫는다.

다음 날 포승에 묶인 영진이 일경에 끌려가는 뒤를 동네 사람들이 따른다.

영진이 아리랑 고개를 넘으며 "박 선생님, 아버지, 영희, 현구, 잘 있어. 그리고 동네 사람들, 내가 이 길로 떠나간다면 이것이 마지막 길일지 모르겠습니다. 나를 위하여 내가 미쳤을 때 항상 불렀다는 아리랑을 여러분들 다 같이 불러주시면 감사하겠습니다."

박 선생이 선창이 되어 동네 사람들이 부르는 아리랑의 구슬픈 가락이 흘러 퍼지며 아리랑 고개를 넘어가는 영진의 뒷모습이 사라져간다.[4]

영화 〈아리랑〉이 사회적으로 큰 파장을 일으키며 상영될 즈음 한국 사회에는 몇 가지 중요한 사건이 일고 있었다.

그해(1926년) 3월에 조선총독부는 전국의 사립고등보통학교 지리와 역사 등의 과목에 일본인 교사를 채용토록 지시한다. 4월에는 순종이 사망하고, 6월에 6·10 만세운동이 전개된다. 7월에는 총독부 학무국이 사립학교 교장들을 소환하여 6·10 만세운동에 참가한 학생들의 처벌을 명령한다.

8월에는 극작가 김우진과 성악가 윤심덕이 현해탄에 투신해 동반자살하고, 12월에는 의열단원 나석주가 조선식산은행과 동양척식회사에 폭탄을 투척했으나 불발된 뒤 일제에 피체된다. 그리고 이 해 이상화의 「빼앗

춘사 나운규 20주기 추도 기념으로 김소동 감독이
각색·감독한 영화 <아리랑> 포스터.

긴 들에도 봄은 오는가」를 게재한 ≪개벽≫이 폐간당한다.

이처럼 탄압과 저항의 대척(對蹠) 지점에서 영화 <아리랑>이 상영된 것
이다. 그런데 일제강점기에 <아리랑>이 어떻게 극장에서 상영될 수 있었
을까?

엄혹했던 시기 나운규의 영화가 어떻게 총독부 검열을 통과했을까. 나
운규의 영화 <아리랑>은 주인공 '영진'을 미치광이로 만들었기 때문에 검
열에 통과된 것이다. 일제에 정면으로 대항하는 언술의 대사는 통과될 리
없었다. (…) 겉으로는 남녀 간의 단순한 사랑 노래로 만들고 그 뒤안길과
밑바탕에는 조국애의 씨를 심어놓은 것이다.

일제 치하 조선 대중음악사의 저항적·형극적(荊棘的) 족적이 찾아진다.[5]

10대 때부터 독립운동에 뛰어들고 이미 스무 살에 감옥 생활을 겪은 나운규는 배우로 활동하면서 새로운 독립운동을 모색하지 않았을까. 일제의 눈을 속이고 한 맺힌 동포들의 가슴을 울린, 우리 역사에 길이 남을 명작 〈아리랑〉은 나라 잃은 민족의 정체성과 동질성을 일깨워주는 데 커다란 힘이 되었을 것이다.

영화 〈아리랑〉 필름 찾기 운동

〈아리랑〉의 개봉 당시 필름은 3본(本) 또는 4본 정도의 복사본이 있었으리라고 추정하고 있다. 그러나 일제하에 전쟁 수행 물자로 소실되거나 해방 직후의 혼란이나 한국전쟁을 겪으면서 사라진 것으로 알려져 있다.

해방 이후 영화 〈아리랑〉의 필름을 찾으려는 운동이 전개되었다. 영화 개봉 70주년에 즈음하여 1996년 10월 (사)한민족아리랑연합회와 재일교포들의 '아리랑필름되찾기 백인회'가 활동에 나섰다.

(사)한민족아리랑연합회의 한완상 전 이사장은 이 필름과 관련해서 다음과 같이 증언한다.

그러던 중 80년대 초 〈아리랑〉 필름이 일본에 있다는 얘기가 돌기 시작했고 90년대 와서 구체화되어 소장자가 오사카에 사는 아베 씨이며 그에게는 〈아리랑〉 외에도 극영화 60여 편이 있다는 사실이 우리에게 알려지게 되었다. 이 사실이 국내 언론에 대서특필되자 이에 경쟁적으로 접근이 시도되었다. 전문가, 전문기관, 민간단체, 그리고 언론사(방송국) 등이 각기 소장자 아베 씨를 만나 호소했다. 그의 비위를 맞추기 위해 그가 수집한다는 우표와 담배포갑 등을 사가지고 가는가 하면, 주무 기관인 '영상자료원'은 특산품을 사가지고 가 읍소하기도 하고 나봉한 감독을 내세워 인간적인 호소까지도 했다.[6]

필름의 소장자로 알려진 아베라는 일본인은 한국의 반환 요청이 잦아지면서 비열한 모습을 보였다고 한다.

이렇게 10여 년을 노력해왔다. 그러나 아베 씨는 우리를 실망시켰다. 아니 분노케 했다. 교묘한 궤변으로 우리를 매달리게 해놓고 말 바꾸기를 되풀이하며 반환의 기미를 보이지 않았다. 이에 일본의 '아리랑필름되찾기 백인회'는 더 이상 아베 씨에게 끌려다녀서는 안 된다는 판단을 하게 되면서 '한민족아리랑연합회'와 연대하여 이를 강력하게 항의하기에 이른 것이다. 바로 반환촉구 서명대회가 그 하나다.

그런데 아베 씨는 이를 빌미로 "보관해온 것만도 고맙게 생각하라"는 식에다 "모두 태워버리겠다"고 협박까지 하는 비열함을 보였고, 급기야는 "태워버렸다"고 공언하기도 했다.

이 같은 아베 씨의 반문화적이고 비이성적인 행태를 좌시할 수 없어 한민족아리랑연합회는 그간의 반환운동 결과와 앞으로의 대책을 책자로 꾸며 국민의 이름으로 일본에 요구키로 하였다.[7]

더 이상의 접촉이 의미 없다고 판단한 한민족아리랑연합회와 아리랑필름되찾기 백인회 등 단체들은 1996년에 이 사업을 민족문제 차원에서 대응할 것 등을 밝히는 결의문을 남기고 해산한다.

<아리랑>, 시와 소설로 피어나다

〈아리랑〉은 많은 시인들의 시의 소재가 되었다. 노래보다 시가 더 많을지도 모른다. 조선 말기와 일제강점기 이래 시인들에게 〈아리랑〉은 좋은 글감이었다. 사랑과 이별, 원한과 해원, 우국과 저항 그리고 넉넉하고 넘치는 후렴이 작가들의 상상력과 호기심을 불러일으켰다.

> 아리랑은 솔직한 사랑의 실토이며 이별의 한이 담겨 있다. 그 뜨거운 점은 우리만 있는 것이 아니라 통영갓에 도포로 의관을 바르게 한 존엄해 보이는 우리 조상들에게도 있었던 것이다. 뜨거운 사랑이 비단처럼 펼쳐지는 것이 아리랑이다. 노래 이름은 하나지만 지방마다 가사와 가락이 다른 것은 향토색이란 특징 때문이다. 이렇게 향토색이 다른데 민요의 특징이 그대로 살아 있어 좋다.[8]

'향토색'은 물론 성향도 서로 다른 많은 시인이 〈아리랑〉 관련 시를 지었다. 따지고 보면 "알이 먼저냐 닭이 먼저냐"처럼 난감한 문제이지만, 구전민요는 시가(詩歌) 없이 자생적으로 만들어지는 데 비해, 현대에는 시(詩)에 곡을 붙여 노래로 부르는 경우도 적지 않다. 〈강남 아리랑〉과 〈홀로 아리랑〉 등이 이에 속한다.

먼저, 〈아리랑〉을 소재로 하는 시 몇 수를 소개한다.

아리랑

－정공채

캄캄한 날에

그저 지게 목발이야

어이 그저 앞에 간달 수도 없고

어이 그저 뒤에 간달 수도 없네

인생의 구비야

마음에는 한

육신에는 골병인걸

아무리 잘 살아도 제 마음 속일 수야

아무리 못 살아도 제 팔자 버릴 수야

아리랑 아리랑 아라리요

아리랑 고개를 넘어간다

해 뜨면 꽃 볼 거냐

달 뜨면 님 볼 거냐

아리랑 아라리요 긴 아리랑 (…)[9]

〈아리랑〉을 제목으로 하는 시(詩)는 하도 많고 발표 지면도 다양하여 고르기가 만만치 않다. 문단에서는 '아리랑 축제'나 '아리랑 시(詩) 낭송회' 등을 여러 차례 열었다. 필자는 시에 관한 전문성이 없어서 감히 평가는 삼가고, 몇 편을 임의로 뽑아 소개한다.

정선 아라리(1)
−진용선

비봉산엔 한 마리 휘파람새 아니 울고

나지막이 속삭이는 어둠

어디서 오는지 알 수가 없다

하지만 벌레울음 시작될 때면

문득 맘 설렌 밤이 오고

아우라지 강변

멍울진 가슴 달래려

하나둘씩 모여든 사람들

슬픔 얼비친 강물을 보며

속눈물 대신 아라리 아라리를 소리내도

오지 않는 이름 부르짖어도

어둠만 가득 안고 도는 운명의 긴장 (…)[10]

아리랑 변주곡
−황금찬

그대 돌아오려나

그대여, 다시 돌아오려는가

저 산 구빗길에 구름이 일고 있네

뒷모습이 내 눈에서

아득히 멀어져 가고 있네

돌아오려는가?

다시 한번 돌아오려는가?

아리랑, 아리랑

나 지금 그대 부르는 음성으로

산 울림 하느니

저 은하수 굽이굽이

불 밝히고 흘러가는

젊은 날에 맺어 둔

아라리의 긴 이름아

아라리 아라리야

꽃이 되어 피려나 (…)[11]

아리랑 별곡—북녘강 다시 만날 강줄기로 부른 가락
　－랑승만

곱디곱단 아리랑 가락처럼

노을 내리는 저녁연기 속 물길 넘어

다시 만나는 갈라진 물길 넘어

억새풀 무성한 설운 땅 넘어

발병이 난 님 떠나듯

어쩌다 두 쪽으로 동강이 난 허리

그 한 허리 동여맬

아리랑 고개는

어느 강줄기에 떠 있는가

평화로운 양반 땅 비단길 섬 하나 넘으면

피를 토하는 노을 한자락

억새풀 땅에 걸려서

동강이 난 허리를 울음 운다

아리랑 아리랑 아라리요…

동강이 난 허리를 슬피 운다

꽃빛보단 죽음빛보단

순하디 고운

아리랑 가락으로 허리 아파 운다 (…)[12]

제목에 '아리랑'이 들어가는 소설도 많다. 대표적인 작품으로 고준석의
『아리랑 고개의 여인』(1987), 김사량의 『아리랑의 비가』(1987), 이문열의 『구
로 아리랑』(1988), 노가원의 『아리랑』(1988), 이슬기의 『솔뫼산 아리랑』(1988),
송숙영의 『강남 아리랑』(1990), 손창호의 『동경 아리랑』(1990), 오승돈의 『아
라리 별곡』(1990), 윤흥길의 『밟아도 아리랑』(1991), 윤우재의 『수잔 브링크의
아리랑』(1990), 조정래의 『아리랑』(1994), 김주영의 『아리랑 난장』(2001) 등을
꼽을 수 있다.
　북한에서는 소영호의 『아리랑 고개』(1985), 김수봉의 『아리랑』(1989), 박종

철의 『아리랑』(2001) 등이 출간되었다.

여기서는 조정래의 장편소설 『아리랑』과 북한 박종철의 중편소설 『아리랑』을 살펴본다.

조정래는 1990년 12월부터 소설 『아리랑』을 신문에 연재하기 시작했다. 이 작품은 연재가 끝난 뒤에 12권짜리 대하 장편소설로 출간된다. 그가 12권 뒷부분에 쓴 후기(後記)를 보면, 중국과 러시아에 두 번, 미국과 동남아시아와 일본에 세 번의 취재 여행을 다녀왔는데, 그가 다닌 거리를 모두 더하면 지구를 세 바퀴 이상 돌 수 있다고 했다. 글을 쓰는 동안 위궤양을 비롯해 오른쪽 어깨의 마비증세 등 신병까지 앓았다. 그는 또 이미 간행된 『태백산맥』의 필화로 공안당국으로부터 시달림을 겪고 있었다.

지은이는 '작가의 말'에서 다음과 같이 언급한다. "우리 민족은 나라를 빼앗기게 된 어지러운 상황이 시작되면서부터 세계 여러 나라로 떠돌아야 했다. 나는 그 자취를 일일이 찾아다녔다. 중국, 일본, 미국, 러시아, 동남아 일대, 그 지역들은 자그마치 지구의 절반에 이르렀다. 우리 한반도를 중심으로 해서 그 지역들이 전부 『아리랑』의 무대가 되었다. 그러나 정작 북쪽 땅은 가보지 못한 채 제1부 3권을 책으로 묶게 되는 아쉬움을 안고 있다."[13]

소설은 일제강점기 조선은 물론 해외 여러 지역 한인들의 고초와 애환을 유려한 필치로 엮어낸다. 역시 대하소설 『태백산맥』의 작가다운 저력을 보여주었다. 소설의 서두 「1. 역부의 길」은 이렇게 시작한다.

초록빛으로 가득한 들녘 끝은 아슴하게 멀었다. 그 가이없이 넓은 들의 끝과 끝은 눈길이 닿지 않아 마치도 하늘이 그대로 내려앉은 듯싶었다. 그

푸르름 속에서 일하고 있는 사람들은 움직임을 느낄 수 없는 채 멀고 작은 점으로 찍혀 있었다. 그런데 그 넓은 들은 한낮의 생기를 잃고 야릇한 적요 속에 가라앉아 있었다. 초록빛 싱그러움을 뒤덮으며 들판에는 갯내음 짙은 바람이 불고 있었던 것이다.[14]

소설 제1권은 아리랑 한 절의 노래로 막을 내린다.

길닦음 소리가 끝나면서 상여가 조금 빨리 움직이는 것 같았다. 그런데 누군가가 노래를 시작했다.

아아리라앙 아아리라앙 아아라아리이요
아아리라앙 고오개애로 너어머가안다아

노래는 이내 합창으로 어우러졌다. 구성지고 눈물겹고 서럽고 사무치고 한스러운 가락을 이끌며 상여는 붉은 벌판 끝으로 느리게 사라져 가고 있었다.[15]

북한 작가 박종철의 중편소설 <아리랑>

북한의 작가 박종철이 지은 『아리랑』은 조선시대 기존의 「성부와 리랑」 설화를 소재로 삼고 있다. 북한은 이 설화를 <아리랑>의 유래로 제시하고 있다. 소설의 첫 장면은 다음과 같이 시작한다.

바람이 분다. 이른 봄 아침나절이면 의레 일군 하는 강바람이다.

어제 밤에도 불었다. 해가 뜨면서 바람은 더 세차져 제법 우우 소리까지 지른다. 해는 강 건너 산머리에서 솟는 듯 마는 듯 졸고 있다.

강기슭의 바싹 마른 풀대들과 깡깡 여윈 나뭇가지들이 더는 못 견디겠노라 몸부림친다. 그 풀숲과 나무들 사이로 인가 없는 강변치고는 꽤 넓은 길이 하나 나 있다.

그 길을 따라 아래로 내려 가느라면 강물과 맞서 싸우듯 우죽비죽한 바위들이 솟아있는데 거기에 크지 않은 나룻배 한 척이 메어져 물길에 흔들리우고 있다.[16]

소설은 조선시대 봉건사회의 모순을 지적하는 장면으로 이어진다.

"원 바람두, 세월이 설렁대면 날씨두 설렁댄다 하더니 아예 겨울이 다시 올라나붸."

배 가운데서 누군가 하는 말이다. 우수, 경칩이 지나고 춘분을 가까이 하고 있으니 이제는 날씨가 더워져야 하지 않겠느냐는 소리다.

그러자 배의 앞자리에 보짐을 서너개 주런이 놓고 앉았던 행상군이 소리나는 쪽을 향해 목을 쑥 빼들었다.

"거 누구요? 공연히 세상을 건들지 말구 말 조심하슈."

"왜, 요즘 말 못 들었소. 살기가 죽기보다 어려우니 사방엔 도적이요. 산에는 산적, 물에는 하적, 나라에 올라가는 봉물짐 세미선까지 들이치는 판이니, 세월이 어디 바루 됐소?"[17]

소설은 주인공들이 〈아리랑〉 노래를 들으며 맹세하면서 막을 내린다.

"아버님, 며칠 후 고을에서 큰 싸움이 났다는 소문이 들리거든 그게 바
로 저희들이 한 일인 줄 알아주십시오. 지금 우리 패들이 고을에 와 있습니
다. 그를 위해 곧장 그리로 가야 합니다."

"잠간 집에라도 들리지 않구 그냥 가겠단 말인가?"

"성부의 령전에 다진 맹세를 지키자면 해야 할 일이 많습니다. 후에 들
릴 날이 꼭 오겠지요."

주 로인은 말리지 않았다. 쌍개도 옥비도 말 없는 속에 그의 결심을 적극
받들어 주었다.

그들은 걸음을 돌렸다. 숲을 헤치며 앞으로 나갔다. 그 뒤로 옥비와 옥랑이 부르는 노래소리가 들렸다.

아리랑 아리랑 아라리요
아리랑 고개로 넘어간다…

그 노래를 들으며 리랑은 다시 한번 맹세를 다졌다. 아, 성부, 나는 가지 않는다. 절대 너를 버리지 않는다. 악독한 량반 세상이 뒤집혀지고 진정 만백성을 위한 세상이 세워질 때, 내 다시 돌아오리라. 돌아와 그대를 마음껏 얼싸안으리라. 아, 그런 세상이 언제 오려나……[18]

아리랑 아리랑
아라-리-요
아리랑 고개다
날 넘기주소

6. 해외 동포 디아스포라 〈아리랑〉

해삼위와 중앙아시아에서 불린 <아리랑>

민요 〈아리랑〉의 생명력은 한민족의 원형 가운데 하나인 '은근과 끈기'의 모습을 그대로 보여준다. 일제에 징용당해 홋카이도 철도 공사장에서 노역했던 조선인들이 불렀던 〈밟아도 아리랑〉의 "밟아도 밟아도 죽지만 말라 / 길 복판에 피어난 질경이처럼"이라는 노랫말처럼 살아남고 새로 난다.

간도와 러시아 연해주에서도 동포들은 각종 〈아리랑〉을 부르며 고달픈 이역(異域)의 삶을 영위했다. 대표적인 것이 〈간도 아리랑〉이다.

간도 아리랑

간도벌 묵밭에 무엇 보러 떠나와서
동토에 얼어붙어 발을 못떼나
　아리랑 아리랑 아라리요

백두산 마루 울고 넘어왔듯

고무신만이라도 웃고 넘어가소

　　아리랑 아리랑 아라리요

두만강 줄기 울고 저어왔듯

비녀를 노삼아 웃고 저어가소

　　아리랑 아리랑 아라리요[1]

　연해주에 살던 조선인들은 1930년대 소련의 독재자 스탈린에 의해 멀고 먼 중앙아시아로 쫓겨갔다. 이들은 '고려인'으로 불리고 카자흐스탄과 우즈베키스탄 등에 흩어져 힘겹게 살았다. 특히 카자흐스탄 공화국의 수도 알마타시에는 '아리랑 가무단'이 설립되고 고려극장이 문을 열었다. 홍범도 장군은 한때 이 극장의 수위로 일했다.

　몇 해 전 필자는 졸저 『홍범도 평전』을 홍범도 장군의 묘소를 찾아 영전에 바치기 위해, 그리고 또 한 번은 학술회의 관계로 카자흐스탄을 찾은 적이 있었다. 그런데 그때마다 행사가 끝나고 나서 뒤풀이 때 현지 교민들과 〈아리랑〉을 함께 불렀다. 고려인 동포들은 고려인 작곡가 야코프 한이 작곡하고 김병학이 작사한 〈고려 아리랑〉을 합창했다.

고려 아리랑

원동 땅 불술기에 실려서

카자흐스탄 중아시아 러시아

홍범도 장군.

뿔뿔이 흩어져 살아가도
우리는 한 가족 고려사람
　　아리랑 아리랑 아라리요
　　아리랑 아리랑 고려 아리랑

진펄도 갈밭도 소금밭도
땀 흘려 일구니 푸른 옥토
모진 고난 이기고 일어서니
우리는 한 민족 고려사람
　　아리랑 아리랑 아라리요

아리랑 아리랑 고려 아리랑

아버님 남기신 선조의 얼
어머님 물려주신 조상의 말
가꾸고 다듬고 지키리라
우리는 한겨레 고려사람
　　아리랑 아리랑 아라리요
　　아리랑 아리랑 고려 아리랑[2]

모스크바 등 러시아에서도 고려인들은 김세일이 지은 시 「치르치크의
아리랑」에 곡을 붙여 널리 불렀다.

치르치크의 아리랑

수십 년 전 이 고장에 와
우리 심은 백양나무 자라
치르치크 풍년벌을 지키는데
우거진 녹음 농부들의 쉼터 되었네

오늘도 쉼참에 거기 모였구나
목화 따는 꽃나이 처녀들아
풍년벌 탐스러워 흥겨워하누나
조선처녀, 우즈베크 처녀들이

여러태머리 우즈베크처녀
넌짓 앉더니 쥐는구나 돔브라를
어쩌면 그리도 잘 타느냐
조선민요 아리랑 곡조를

목화송이 만지는 손이
그리도 날쌜줄 뉘가 알랴
돔브라 줄 퉁길제 그 손이
나비처럼 춤을 추는구려!

일처럼 노래 즐기는 처녀들
돔브라 가락에 맞춰 부르네
청아한 아리랑 노래를
흥겹게 흥겹게 부르네

노래처럼 춤도 즐기는 처녀들이
아리랑 곡조에 성수나니
서로서로 손잡고 춤을 춘다
빙빙 돌며 친선의 원무를 춘다

아리랑 아리랑 아라리오
아리랑 고개를 넘어온 아리랑아
해마다 만풍년 드는 치르치크벌에

네 오늘 친선의 멜로지야 되었구나!³

해방 50주년, 해외에 묻힌 <아리랑> 발굴

〈아리랑〉은 1990년대 이후 텔레비전과 라디오 등에서 자주 등장했다. 독립을 소재로 한 연극이나 영화, 드라마, 다큐멘터리, 백일장 등의 주제가 되었다. 설과 추석 특집 그리고 해외 한인 거주지를 찾는 탐사 프로그램에는 으레 현지 한인들의 〈아리랑〉 노래가 따랐다.

광복 50주년인 1995년에는 〈아리랑〉과 관련한 기획물들이 쏟아졌다. 그중에는 해외에서 발굴한 자료도 많았다. 신나라 레코드는 〈해외동포 아리랑〉이라는 음반을 내놓았다. 수록된 노래는 중국과 러시아 동포들이 불러온 〈경상도 아리랑〉, 〈해주 아리랑〉, 〈쪽박 아리랑〉, 〈기쁨의 아리랑〉, 〈사할린 본조 아리랑〉, 〈장백의 새 아리랑〉 등이다.

한반도를 떠나 불리는 〈아리랑〉은 한인들이 사는 지역마다 그들의 지난한 삶만큼이나 서로 달랐다.

> 중국 헤이룽장(흑룡강)성(城)과 러시아 사할린 등에서 유랑의 삶을 살아야 했던 한인(韓人)들의 민요이다. 이역(異域)에서 불려진 아리랑은 장단과 가락에서 한반도의 아리랑과 별 차이가 없지만 그들의 살아온 모습과 감정의 차이만큼 다르게 들린다. 북간도의 아리랑은 애절함이 더하고, 사할린의 아리랑은 그리움이 넘친다.⁴

그해에 '일본 속의 아리랑' 2백여 편도 국내에 공개되었다. 그중 〈반쪽 아리랑〉은 남북 분단의 아픔을 그대로 담아냈다. 노래의 일부를 들어본다.

반쪽 아리랑

아리랑 아리랑 아라리요

아리랑 고개를 넘어간다

남쪽도 북쪽도 내 조국이건만

지금은 절반 땅 안 갈래요

쪽발이 땅에 산 반평생을

차라리 현해탄에 묻힐래요 (…)

일제강점기에 징용 노무자나 정신대로 끌려간 한국인들과 그 후손인 재일동포 2, 3세를 통해 입으로 전해져온 '일본 속의 아리랑' 2백여 수는 많은 관심을 끌었다.

이번에 공개된 아리랑은 '한민족아리랑보존연합회' 일본 지회장인 재일동포 김경원(38. 여, 희곡작가) 씨가 10여 년간에 걸쳐 일본 곳곳을 누비며 동포들과 각종 문헌을 파헤쳐 채록한 것들이다.

이들 일본 속의 아리랑들은 "일본 땅 좋다고 누가 말했나 일본 땅 와보니 배고파 못 살겠네…"라는 1세 한인들의 나라 빼앗긴 설움에서부터, 재일 한인 동포들이 낯선 타국에서 겪어야 했던 삶의 애환을 담고 있다.

그러나 김 씨가 채록한 〈북간도 아리랑〉에는 항일투쟁의 의지로 가득

찬 가사들이 들어 있다.

북간도 아리랑

"이 땅에서 총 들고 뽐내지마
피에 굶주린 강도를 어찌하나
살인마 일제를 쫓아내고
이 땅에 신천지 열어보세
아리랑 고개는 행복의 고개
우리는 웃는 얼굴로 넘어간다"[5]

7. 동질성과 이질성, 북녘의 〈아리랑〉

<원산 아리랑>과 <해주 아리랑>

북한 지역에서도 수많은 〈아리랑〉이 불리고 주민들의 사랑을 받았다. 대표적인 〈아리랑〉이 〈원산 아리랑〉과 〈해주 아리랑〉이다. 이 노래들을 차례로 소개한다.

원산 아리랑(어랑 타령)

신고산에 우루루 우루루 긔차가는 소리
신고산 큰애기들이 에루와 반보찜 싼다
　　에양 에양 어허야(어랑 어랑 어허야)
　　어럼마 듸어루 내사랑아

이산 넘어를 가라할가 저산 넘어를 갈가
총각낭군 다리고 수풀노름을 갈가

에양 에양 어허야(어랑 어랑 어허야)

어럼마 듸어루 내사랑아

신작노가 넓어서 몸이 횡횡 돈다

동남풍 바람부러 궁둥이 살살 돈다

　　에양 에양 어허야(어랑 어랑 어허야)

　　어럼마 듸어루 내사랑아

자동차 박휘는 서양긔계로 놀고

우리님 사랑은 이내품에서 논다

　　에양 에양 어허야(어랑 어랑 어허야)

　　어럼마 듸어루 내사랑아

슬슬 동풍에 구즌비는 오고

세화 년풍에 님을 만나 논다

　　에양 에양 어허야(어랑 어랑 어허야)

　　어럼마 듸어루 내사랑아

자동차 긔차는 구라파 긔계로 놀고

맛낙가 긔계는 텬연적으로 논다

　　에양 에양 어허야(어랑 어랑 어허야)

　　어럼마 듸어루 내사랑아

네가 잘낫나 내가 잘낫나

량인이 정들면 모도 일색이라

　　에양 에양 어허야(어랑 어랑 어허야)

　　어럼마 듸어루 내사랑아

울타리 썩으면 재가 나온다더니

한모퉁를 혼어도 십싹이 업다

　　에양 에양 어허야(어랑 어랑 어허야)

　　어럼마 듸어루 내사랑아

간다간다 간다 내가 도라간다

정든사람 짜라 내가 도라간다

　　에양 에양 어허야(어랑 어랑 어허야)

　　어럼마 듸어루 내사랑아[1]

해주 아리랑

아리랑 고개는 웬 고갠가

넘어갈적 넘어올적 눈물이 난다

　　아리 아리 얼쑤 아라리요

　　아리랑 얼씨구 노다 가세

저기 가는 저아가씨 눈매를 보소

겉눈을 감고서 속눈만 떴네

　　아리 아리 얼쑤 아라리요

　　아리랑 얼씨구 노다 가세

뒷동산 진달래 만발하고

속적다 새소리 풍년이라네

　　아리 아리 얼쑤 아라리요

　　아리랑 얼씨구 노다 가세

시집갈 큰애기 홀로 앉아

여러가지 궁리에 마음만 타네

　　아리 아리 얼쑤 아라리요

　　아리랑 얼씨구 노다 가세

알뜰살뜰 오손도손 약속을 하고

녹두나물 변하듯 싹 돌아졌네

　　아리 아리 얼쑤 아라리요

　　아리랑 얼씨구 노다 가세

아가씨 댕기에 달린 석우황

총각의 염랑이 제격일세

　　아리 아리 얼쑤 아라리요

아리랑 얼씨구 노다 가세

호박풍잠 산호동곳 귀명자 갓끈감
호사한 남자의 치레로다
    아리 아리 얼쑤 아라리요
    아리랑 얼씨구 노다 가세

비뤄보라 반보라 송화색 옷감
건넌 마을 큰애기 선사나 할까
    아리 아리 얼쑤 아라리요
    아리랑 얼씨구 노다 가세

옥빈홍안 고운 양자 곱던 얼굴
덧없는 세월에 백발일세
    아리 아리 얼쑤 아라리요
    아리랑 얼씨구 노다 가세

화조월석 가는 춘풍 어이 막으며
귀밑에 오는 백발 그누가 막으리
    아리 아리 얼쑤 아라리요
    아리랑 얼씨구 노다 가세[2]

김일성 자서전에 <아리랑> 언급

북한에서 김일성 우상화 체제가 강화되면서 그의 자서전『세기와 더불어』는 역사, 문화, 예술, 음악 분야에 이르기까지 일종의 '교범(敎範)' 역할을 했다. 이 책의 제6권(1937년 간산봉 전투 시기)에도 <아리랑>을 언급한 부분이 있다.

> 우리는 정황을 효과적으로 리용하면서 날이 저물도록 적들을 답새기였다. 녀대원들이 싸움을 하면서 부른 <아리랑>이 전대오에 퍼지었다. 격전장에서 노래를 부르는 것은 강자들만이 할 수 있는 일이다. 간산봉 전투장에 울린 <아리랑>은 혁명군의 정신적 중심을 비쳐 보이고 낙천주의를 시위하였다. 적들이 <아리랑>을 듣고 어떤 기분에 잠겼겠는가 하는 것은 그 상상하기 어렵지 않을 것이다.
>
> 후에 포로들이 고백하기를 그 노래를 듣고 처음에는 어리둥절해졌고, 다음 순간에는 공포에 잠기였으며, 나중에는 인생허무를 느꼈다고 하였다. 부상자들 중에는 신세를 한탄하며 우는 자들도 있었으며, 한쪽에서는 도망병까지 났다는 것이다.[3]

북한 아리랑에 대해 많은 자료를 수집하고 정리해온 김연갑은 이렇게 설명한다. "북한이 아리랑을 주목하기 시작한 것은 영화 <아리랑>과 그 주제가에 대표성을 부여한 1962년 『나운규와 그의 예술』 발간으로부터이다. 이로부터 1971년 혁명가극 <피바다>와 1976년 <관현악곡 아리랑>으로 형상화하면서부터 주요 아리랑들을 기악화(관현악·병창·독주)하고 무대예술 작품에 소재화하기 시작했다. 이는 예술적 형상화와 통속성의 부가가 치화라는 점에서 성과로 평가된다."[4]

김연갑은 10가지 관점으로 북한의 아리랑 인식(정책)을 정리했는데, 다음은 일곱 번째와 여덟 번째 항목이다.

⑦ 1980년대 중반까지 예술성보다는 계급성과 투쟁성에 그 가치를 강조하고 확대한 것은 우리와 다른 부분이지만, 2000년에 들어서서는 연대와 대동성에 역점을 두기 시작한 것과 위상에서 〈민족의 노래〉, 〈통일의 노래〉로 보는 것은 우리와 동일하다.

⑧ 결국 근본적으로는 우리와 그 정서를 공유하고 있다. 이 사실은 아리랑이 민족동질성의 구체적인 인자임을 입증해 주는 것이다. 이것이 바로 아리랑의 현재적, 미래적 가치와 위상을 담보하는 것이다.[5]

지금도 발굴되는 〈아리랑〉

〈아리랑〉의 특징은 끈질긴 생명력이다. 야생초처럼 터를 가리지 않고 싹트고 널리 퍼진다. 그래서 지금도 향토색 짙은 구전 〈아리랑〉이 발굴되고 채록된다.

문화유산 답사가 신정일은 역사와 삶의 궤적을 찾아 천삼백 리 한강의 물길을 따라 걸으면서 정선 아우라지에 이르러 〈아리랑〉 한 곡을 채록한다. 그 노래를 들어보자.

정선 아우라지 아리랑

눈이 오려나 비가 오려나 억수장마 지려나
만수산 검은 구름이 막 모여든다
    아리랑 아리랑 아라리요
    아리랑 고개고개로 나를 넘겨주게

명사십리가 아니라면서 해당화는 왜 피나
모춘삼월이 아니라면은 두견새는 왜 우나
    아리랑 아리랑 아라리요
    아리랑 고개고개로 나를 넘겨주게

정선읍내 일백오십 호 몽땅 잠들여놓고서
이호장네 맏며느리 데리고 성마령을 넘자
    아리랑 아리랑 아라리요
    아리랑 고개고개로 나를 넘겨주게

아우라지 뱃사공아 배 좀 건너주게
싸리골 올동백이 다 떨어진다
    아리랑 아리랑 아라리요
    아리랑 고개고개로 나를 넘겨주게

떨어진 동백은 낙엽에나 쌓이지

잠시 잠깐 님 그리워서 나는 못 살겠네
　　아리랑 아리랑 아라리요
　　아리랑 고개고개로 나를 넘겨주게

저 건너 묵밭은 작년에도 묵더니
올해도 날과 같이 또 한 해 묵네
　　아리랑 아리랑 아라리요
　　아리랑 고개고개로 나를 넘겨주게

당신은 나를 흙사리 껍질로 알아도
나는야 당신을 알기를 공산명월로 알아요
　　아리랑 아리랑 아라리요
　　아리랑 고개고개로 나를 넘겨주게[6]

애고야 지고야 통곡을 마라
죽었던 그이가 또 살아올까
아리랑 아리랑 아라리야
아리랑 띄어라 노다가세

8. 〈아리랑〉, 통일을 노래하다

남북 스포츠 단일팀 단가, 〈아리랑〉

전두환 정권은 취약한 정통성을 메우고자 국제 스포츠대회를 유치했다. 1986년 서울 아시안게임과 1988년 서울올림픽이다. 1987년 6월항쟁이 가능했던 요인 중에는 올림픽을 앞두고 시민 항쟁을 광주학살 같은 유혈진압으로 무력화하기 어려웠던 이유도 있었다.

두 대회를 준비하는 과정에서 남북단일팀 문제가 제기되고 당국자 간의 접촉이 이루어졌다. 단일팀의 단기(團旗)와 단가(團歌)가 결정되었다. 특히 단가는 〈아리랑〉으로 하는 데 남북이 쉽게 합의했다. 북측은 1920년대 나운규의 〈아리랑〉을 제시했고, 남측은 이를 수용했다.

분단 이후 북한에서도 〈아리랑〉은 인민들 사이에 널리 애창되었다. 김일성이 일본군과 교전 중에 〈아리랑〉을 불렀다고 하여 신성시되고, 국가(國歌) 수준의 반열에 올랐다.

우리나라 한 신문이 해방 이후 북한에서 자주 부르는 〈아리랑〉 세 곡을 소개한 바 있는데, 북한 지역의 〈아리랑〉만이 아니라는 점이 특이하다.

영천 아리랑

아주까리 동백아 더 많이 열려라
산골집 큰애기 신바람난다
아리란가 쓰라린가 영천인가
아리랑 고개로 날 넘겨주오

멀구야 다래야 더 많이 열려라
산골집 큰애기 신바람난다
줄참외 밭참외 가득 따 놓고
앞집의 큰애기 님 생각하네

멀구야 다래야 더 많이 열려라
산풍년 들풍년 만풍년 들어라
울 넘어 담넘어 님 숨겨두고
호박잎만 난들난들 난 속였소

경상도 아리랑

만경창파에 떠가는 배야
거기 좀 닻 주어라 말 물어보자
    아리랑 아리랑 아리랑 아라리요
    아리랑 고개를 넘어간다

문경새재는 어드멘고
구부야 구부야 삼백릴세
　　아리랑 아리랑 아리랑 아라리요
　　아리랑 고개를 넘어간다

랭산모판 큰애기 아리랑

아라린가 쓰라린가 염려를 마오
큰애기 가슴도 노래로 찼소

종다리 꾀꼴새야 울지나 마라
큰애기 가슴도 노래로 가득찼소

종다리 꾀꼴새야 울지나 마라
조합의 큰애기 일 못할라

아라린가 쓰라린가 염려를 마오
큰애기 정렬이 모판을 덮소

바람아 눈비야 내리지 마라
랭산모판 큰애기 잠못들라

아라린가 쓰라린가 염려를 마오

큰애기 가슴도 모판을 덮소[1]

북한에서는 두 계열의 '아리랑'이 불렸다. 전통민요로서의 아리랑과 김일성의 이데올로기가 담긴 이념형 아리랑이다. 다음은 이데올로기가 담긴 이념형 아리랑의 대표곡인 〈동무 아리랑〉이라는 곡이다.

동무 아리랑

아리랑 고개다 집을 짓고
동무야 오기만 기다린다
　　아리랑 아리랑 아라리요
　　아리랑 얼시구 아라리요

여보게 소 꼴을 바삐 비오
저건너 저 집에 연기난다
　　아리랑 아리랑 아라리요
　　아리랑 얼시구 아라리요

성실아 동풍에 궂은비 오고
동무야 오기만 기다린다
　　아리랑 아리랑 아라리요
　　아리랑 얼시구 아라리요[2]

국제 스포츠대회에서 울려 퍼진 <아리랑>

〈아리랑〉은 1980년대 두 가지 큰 국제 스포츠대회 개최를 계기로 남북 간의 동포애와 민족이 하나임을 다시 일깨웠다. 특히 1988년 서울올림픽 남북단일팀의 선수 입장과 시상식, 폐막식의 공식 음악으로 〈아리랑〉이 선정되고 불림으로써 선수단은 물론 응원단의 박수갈채를 받았다.

단일팀의 명칭은 'KOREA', 단기(團旗)는 한반도 지도를 택하고, 음악은 〈아리랑〉이었다. 이것은 1990년 베이징 아시안게임에서도 그대로 적용되었다.

88 서울올림픽 1주년인 1989년에 열린 제70회 전국체전 및 제1회 한민 족체육대회에는 세계 50개국에 흩어져 살던 해외 동포들이 모국의 각 시·도 선수단과 한자리에 모였다. 이때에도 선수 입장과 시상식, 폐막식에서 〈아리랑〉이 연주되고, 모두 한목소리로 합창했다.

1991년 4월 일본 지바현에서 열리는 제41회 세계탁구선수권대회에서 남북한 단일팀이 조직되고, '코리아'라는 팀 이름으로 〈아리랑〉을 단가(團歌)로 불렀다.

〈아리랑〉의 신명과 열기는 특히 스포츠대회에서 그 절정에 이른다. 한데 모였기 때문에 부르고, 헤어지기 때문에 다시 만날 것을 기약하는 소리로 불렀다.

〈아리랑〉은 체제와 이념의 벽을 넘어선 한민족 삶의 소리요 노래이다. 남북의 문을 여는 통일언어로서, 한데 합치기를 채찍질하는 메시지로서 살아 숨 쉰다.

북한에서도 개사된 〈아리랑〉이 불렸다. 그 가운데 하나가 〈통일아리랑〉

이다. 이데올로기형으로 분류되지만 2000년대에 일반적으로 많이 불렸다.
남북한에 가장 널리 알려진 아리랑 곡(曲)은 바로 나운규의 영화〈아리랑〉
의 주제곡이기 때문에 이 역시 같은 음곡으로 널리 불렸다. 북한의〈통일
아리랑〉을 들어본다.

통일아리랑(1)

청천 하늘엔 별들도 많구요
이 땅에는 분단 아픔 많기도 하다
　　아리랑 아리랑 아라리요
　　아리랑 고개로 넘어간다

천지 강산엔 오가는 길 많은데
통일의 길만은 왜 이리 막혔나
　　아리랑 아리랑 아라리요
　　아리랑 고개로 넘어간다

사발그릇 깨어지면 열두 조각 나지만
분계선이 깨어지면 하나가 된다
　　아리랑 아리랑 아라리요
　　아리랑 고개로 넘어간다

7천만 우리겨레 쇠망치가 될거야

저 분계선 내려치는 쇠망치가 될거야

　　아리랑 아리랑 아라리요

　　아리랑 고개로 넘어간다[3]

통일아리랑(2)

헤어져 얼마냐 아리랑 아리랑

반세기 아픔이 가슴친다 가슴친다

　　아리랑 아리랑 통일의 아리랑

　　삼천리 내나라 삼천리 내나라 통일 아리랑

이대론 못참아 이리랑 아리랑

장벽을 부시고 하나되자 하나되자

　　아리랑 아리랑 통일의 아리랑

　　삼천리 내나라 삼천리 내나라 통일 아리랑

온 겨레 손을 잡고 아리랑 아리랑

자주의 새날을 앞당기자 앞당기자

　　아리랑 아리랑 통일의 아리랑

　　삼천리 내나라 삼천리 내나라 통일 아리랑

가을 하늘 공활한데 높고 구름 없이
밝은 달은 우리 가슴 일편단심일세
아리랑 아리랑 아라리요
아리랑 고개로 넘어간다

9. 〈아리랑〉, 애국가로 피어나다

〈아리랑〉은 민요와 대중가요 등으로 일반인들의 애창곡이기도 했지만, 대한민국 국군(육군)의 군가로도 지정돼 지금은 애창하는 군가 중 하나가 되었다.

아리랑 겨레

밟아도 뿌리뻗는 잔디풀처럼 시들어도 다시피는 무궁화처럼
끈질기게 지켜온 아침의 나라 옛날 옛적 조상들은 큰 나라 세웠지
우리도 꿈을 키워 하나로 뭉쳐 힘세고 튼튼한 나라 만드세
    아리아리아리랑 아리아리아리랑 아리랑 가슴에 꽃을 피우세

밟아도 돋아나는 보리싹처럼 서리에도 지지 않는 들국화처럼
끈기 있게 이어온 한 핏줄 자손 할아버지 할머니 묻힌 이 땅을
우리도 언젠가는 묻힐 이 땅을 소중히 가꾸며 지켜나가세
    아리아리아리랑 아리아리아리랑 아리랑 가슴에 꽃을 피우세[1]

'아리랑의 날' 선언문

〈아리랑〉은 굴곡진 역사 속에서 이 땅의 주인 민초들의 애창곡으로 전해져왔다. 그 뿌리는 구전가요와 전통민요에서 시작되었고, 창작가요 또는 개사곡으로 질긴 생명력이 유지·확장되었다. 그러나 그 원형은 변하지 않았다. 권세가와 양반들이 천시하고 외세가 탄압·금지했으나 민초들이 지키고 아끼면서 겨레의 으뜸 노래로 자리 잡았다. 〈아리랑〉은 겨레의 심성과 정서에 맞을 뿐만 아니라 갈라진 민족을 화합하고 민족의 동질성을 회복하는 데에도 무엇보다 소중한 유산이다.

2000년 9월 15일, 오스트레일리아 시드니에서 제27회 올림픽이 열렸다. 개막식에서 남북의 선수단은 한반도기를 앞세우고 동시에 입장했다. 개막식장에 〈아리랑〉이 울려 퍼지고, 11만 관중이 모두 일어나 박수를 보냈다.

2000년 10월 20일, 제3차 아시아·유럽 정상회의(ASEM)가 서울에서 열렸다. 26개국 지도자들이 참석한 회의는 〈아리랑〉의 선율 속에 진행되었다.

같은 해 12월 10일, 노르웨이 오슬로 시청에서 김대중 대통령 노벨평화상 시상식이 거행되었다. 배경음악으로 〈애국가〉와 〈아리랑〉이 연주되고, 한국의 대표적인 성악가 조수미가 축가로 〈아리랑〉을 열창했다. 〈아리랑〉은 이렇게 정치·외교의 무대를 아름답게 수놓는 대표곡이 되었다.

민간에서도 이런 '겨레의 으뜸 노래' 〈아리랑〉을 아끼고 보존하려는 모임이 만들어졌다. 2013년 10월, ㈔한겨레아리랑연합회와 ㈔한국공연예술원, 각 지역 아리랑보존회 등 20여 개 관련 단체가 '겨레기념일 아리랑의 날' 제정위원회를 구성하고 활동에 나섰다.

'제정위원회'는 아리랑 정신의 세계 보편화, 인류무형문화유산 가치 세계화, 남북 문화교류의 견인, 자립적 전승 주체인 커뮤니티의 활성화 등을 목표로 설정하고, 180여 개국 해외 동포 사회와 함께하는 기념일로 '아리랑의 날'을 제정할 것을 결의했다.

이들은 〈아리랑〉의 3대 정신인 '저항, 대동, 상생'을 기조로 민족공동체 실현에 기여하고자 정부에 10월 1일을 '아리랑의 날'로 지정해줄 것을 제안했다. 이날은 1926년에 나운규의 영화 〈아리랑〉이 개봉한 날이었다.

제정위원회는 이어서 「'아리랑의 날' 선언문」을 채택했다.

'아리랑의 날' 선언문

아리랑은 유구한 역사로 하여 전승지역의 광역성, 전승기층의 견고성, 전승사설의 적층성, 장르의 확장성, 전승주체의 자발성을 특징으로 역사공동체 시기는 물론 이산과 분단의 오늘에까지도 향유되는 노래이며 문화이다.

아리랑은 정한(情恨)의 정서적 수렴체(收斂體)로, 모순에 대한 저항적 발현체(發顯體)로, 편향과 극단의 차단체(遮斷體)로, 고난에 대한 극복의지의 추동체(推動體)로 가치화되어 향유하는 '겨레의 노래'이며, 세계적 보편 가치를 지닌 '인류무형문화유산'이다.

아리랑은 민족문화의 정수요, 민족 상징으로서 저항·대동·상생의 3대 정신을 기저로 통일을 견인하고, 미래 통일 시대에도 탁월한 보편 가치인 문화형질이다.

아리랑은 오늘의 우리에게 부과된 도덕적 정언(正言)이자 사회적 규범인 개방적이고 세계주의에 입각한 민족공동체를 지향함에, 그 초석인 민족 동질성의 구체적 형질이며 단서이다.

우리는 아리랑의 가치와 위상으로서, 민족공동체 실현에 '보이지 않는 손'으로의 역할을 기대한다. 하여 현실의 모순을 극복하고 교류와 화해를 통한 민족통합에 다가가는 실천적 운동의 동력으로 삼고자 한다.

이에 우리는 남과 북은 물론 일본·중국·러시아·미주지역은 물론 180여 개국 해외 동포 사회와 함께하는 겨레기념일로 '아리랑의 날'을 제정하여 지속가능하고 미래적인 민족문화운동을 실천하고자 한다.

이로써 매년 10월 1일, 아리랑의 가치와 위상을 소중히 나누는 대동의 장을 마련하기로 한다. 또한 '누가 부르는가와 어떤 아리랑인가보다 왜 부르는가'가 더 중요함을 실증하는 연구와 공연을 통해 대중과 함께하고, 아리랑정신을 세계 보편정신화하여 미래지향적인 가치 창출을 기하고자 한다.

이제 우리는 10월 1일을 북한과 해외 동포 사회에 '겨레기념일'로 함께 할 것을 정중하게 제안하며, '아리랑의 날' 제정을 선언하는 바이다.

2013. 10. 1

겨레기념일 '아리랑의 날' 제정위원회[2]

<아리랑>을 '애국가' 또는 '국가'로 하자는 주장

우리는 지금 지구적 복합위기 아래 남북·정치·지역·성별·노사·빈부·세대 간의 갈등을 겪고 있다. 갈등 양상은 상당히 심각한 수준이다. 어느 것 하나 해결이 쉽지 않고 이를 주도할 지도그룹도 보이지 않는다.

결국 주권자인 국민의 역량으로 헤쳐나가야 한다. 과거에도 그랬듯이 민초들의 집단지성으로 위기를 극복해야 한다. 다행히 지금 이 땅의 민초들은 대단히 높은 식견과 경험을 공유하고 있다. 또 앞에서 살펴보았듯이 어떠한 고난과 억압에도 굴하지 않고 겨레의 얼과 혼, 정체성을 지켜왔다. 〈아리랑〉도 그 고갱이의 하나이다.

〈아리랑〉은 모진 세월을 견디고, 왜풍과 양풍에도 도태되기는커녕 원형을 지키면서 끊임없이 변이되고 개사곡이 나오면서 오늘에 이르렀다. 민족의 동질성을 회복하고 국제적 복합위기를 극복하는 데 〈아리랑〉만 한 '화합주'를 찾기도 쉽지 않다. 한민족이면 누구나 공감하여 쉽게 부를 수 있고, 가사를 바꾸어서 생일날 'happy birthday to you' 대신 온 가족이 함께 부를 수도 있다.

지금의 〈애국가〉 대신 〈아리랑〉을 대한민국의 '국가(國歌)' 또는 통일한 국의 국가로 지정하자는 운동이 벌어지는데, 이는 특기할 만한 일이다. 작사자 안익태의 친일과 친나치 행적이 드러나고, 애국가 가사의 문제점이 지적되면서 이 운동은 활기를 띠고 있다.

〈애국가〉를 대체할 경우 〈아리랑〉과 같은 전통민요 형식이 아니더라도 〈아침이슬〉(김민기 작사·작곡), 〈상록수〉(김민기 작사·작곡), 〈내 나라 내 겨레〉(김민기 작사, 송창식 작곡), 〈터〉(한돌 작사·작곡), 〈우리의 소원은 통일〉(안석주 작사, 안병원 작곡), 〈그날이 오면〉(문승현 작사·작곡), 〈이 산하에〉(문승현 작사·작곡) 등이 대체 후보로 이야기되고 있다.

문화운동가이자 명창인 임진택은 겨레의 노래 〈아리랑〉으로 '애국가' 또는 국가(國歌)를 대체하자며 다음과 같이 주장한다.

지금 당장 손색없는 현대의 애국가로서 빠지지 않는 노래가 〈아리랑〉이다. 여기서 말하는 〈아리랑〉 노래는 나운규가 감독 주연한 영화 〈아리랑〉의 주제곡을 말한다. 실제로 이 '나운규 아리랑'은 해외 동포들에게도 널리 알려져 있고, 외국인들에게도 많이 알려져 있어 한국을 대표하는 노래로 벌써부터 '애국가' 기능을 해왔다고 할 수 있다.

나는 여기서 더 나아가 '안창호 선생의 노랫말은 살리고, 안익태 곡조는 버리자'라고 하는 애국가 개체(改替)의 방향을 실현하는 하나의 방안으로 '아리랑 애국가'를 제안하고자 한다. 이는 〈아리랑〉 그 자체를 애국가로 하자는 것이 아니라, 안창호 작사의 노랫말을 아리랑 곡조로 부르는 방안을 말한다. 다행히 현행 애국가의 전개구조와 아리랑의 전개구조가 A→B→C→B로 동일하므로 그 가능성은 충분히 열려 있다고 볼 수 있다.

무엇보다 70여 년 동안 국민들이 불러와 몸에 배어 있는 안익태 곡조를 대체하기 위해서는 그보다 더 원초적으로 우리 몸에 배어 있는 친숙한 곡조가 필요하다. 아리랑 곡조는 우리나라 사람이면 누구나 다 알고 있고 바로 따라 부를 수 있어 지금 당장 안익태 곡조를 교체함에 있어 가장 적합성을 갖고 있다.

또한 해외 동포들은 물론 외국인들까지도 〈아리랑〉을 한국의 대표적인 노래로 알고 있어 국가(國家)와 국가(國歌)의 이미지를 일치시킬 수 있는 장점이 있다. 뿐만 아니라 〈아리랑〉은 편곡에 따라 우리 기로도 연주될 수 있고 서양 오케스트라와 합동연주도 가능한 융통성을 지니고 있어, '아리랑 애국가'는 민족 고유의 음악성을 담지하면서 동시에 세계 보편적인 음악성을 과시할 수 있는 최고의 애국가가 될 수 있다고 본다.[3]

아리랑 애국가

동해물과 백두산이 마르고 닳도록
하느님이 보우하사 우리나라 만세
무궁화 삼천리 화려강산
대한사람 대한으로 길이 보전하세
아리랑 아리랑 아라리요
아리랑 고개로 넘어간다.

남산 위에 저 소나무 철갑을 두른 듯
바람서리 불변함은 우리 기상일세
아리랑 아리랑 아라리요
아리랑 고개로 넘어간다

가을 하늘 공활한데 높고 구름 없이
밝은 달은 우리 가슴 일편단심일세
아리랑 아리랑 아라리요
아리랑 고개로 넘어간다

이 기상과 이 맘으로 정성을 다하여
괴로우나 즐거우나 나라 사랑하세
아리랑 아리랑 아라리요
아리랑 고개로 넘어간다

무궁화 삼천리 화려강산
대한사람 대한으로 길이 보전하세

최서면 전국아리랑보존연합회 초대 회장(도쿄 한국연구원 원장)은 "아리랑은
'한(恨)'의 노래 아닌 민족행진곡"이며 "통일 조국의 국가로 지정돼야 한다"
라고 주장했다. "아리랑은 단순한 민요가 아니다. 민족 저변에 깔려 있는
정서의 가락이며 민족동질성의 구체적 표현이다. (…) 40여 년간 민족의
가슴을 산산이 찢어놓았던 이데올로기라는 괴물도 남과 북을 하나로 이어
주는 아리랑의 맥을 끊지는 못했다. 이 민족의 노래를 집중 연구, 장차 통
일이 되면 국가가 될 아리랑의 의미를 밝혀내겠다. (…) 모임이 끝나고 헤
어질 때 어김없이 부르는 곡이 아리랑이었다. 한국말을 전혀 모르는 동포
3세까지도 아리랑은 교감의 언어이다."4
'겨레의 노래' 〈아리랑〉은 겨레와 함께 영원할 것이다. 기쁠 때나 슬플
때나 손에 손을 잡고 함께 부르면서 선진한국의 동심원을 그려보면 어떨
까.

임진택이 구성한 <아리랑 애국가>의 악보.

지역별 아리랑

만주아리랑

잦은 아리

긴 아리

태평아리랑

안주아리랑
황해도아리랑

회산아리랑
원산아리랑

연천올러리
1춘천아리랑
2춘천아리랑

양양아리랑

자진아라리
강원도아리랑
강릉아라리

인제아리랑
뗏목아리랑

해주아리랑

서울아리랑

황성얼어리

정선아리랑

경기아리랑

한오백년
평창아리랑

울릉도아리랑

여주아리랑

중원아리랑

원주아리랑

삼척아라레이

서산아리랑
광복군아리랑

영일아리랑

공주아리랑

영천아리랑

창녕아리랑

남원아리랑

밀양아리랑

정읍아리랑
순창아리랑

하동아리랑

경상도아리랑

구례아리랑
남해아리랑

진도아리랑

제주우도잡노래

출처: 서주원 『세상에서 가장 아름다운 노래 멈추지 않는 아리랑』 국악방송, 2006, 17쪽.

10. 삼천리강산에 핀 〈아리랑〉

〈아리랑〉은 봄 여름 가을 겨울 언제나 피고, 우리 민족이 사는 어느 곳에든 피어났다. 시인 신경림의 문학기행 『강 따라 아리랑 찾아』(1992) 제목처럼 우리 땅의 산천초목에 핀 〈아리랑〉을 찾아본다

서울·경기도 편 〈아리랑〉

예로부터 서울(한양)은 한반도의 요충지이자 나라의 중심지이고 국도였다. 사람과 물산이 집약되는 곳이고 문화·예술이 한데 모이고 꽃피우는 곳이었다. 〈아리랑〉과 각종 민요가 전국 곳곳으로 확산하는 데에도 서울은 큰 역할을 했다. 특히 경복궁 중건 과정에서 동원되었던 지방의 백성들이 서울에서 일하고 지내며 습득했던 〈아리랑〉과 민요들을 각자의 고향에 가서 다시 소개하면서 지역으로 확산하는 데 크게 기여했다.

또 개화기에 신식문물을 익히고자 서울 나들이를 한 청년들, 국치를 전후하여 우국의 일념으로 서울을 다녀간 지사들이 각종 민요를 고향으로

전파했다. 대표적인 노래 중의 하나가 〈서울 아리랑〉이다.

서울 아리랑

아서라 말아라 네가 그리말아
사람의 관세를 네가 그리말아
　　아리랑 아리랑 아라리가 낫네
　　아리랑 속에서 넹겨넹겨주소

세상텬지에 약도 만컨만
우리님 생길약은 왜 이리업나
　　아리랑 아리랑 아라리가 낫네
　　아리랑 속에서 넹겨넹겨주소

전생차생 무삼죄로
우리나랑인이 왜생겻나
　　아리랑 아리랑 아라리가 낫네
　　아리랑 속에서 넹겨넹겨주소

세상텬지에 남자도 만컨만
나는 왜요리 혼자사나
　　아리랑 아리랑 아라리가 낫네
　　아리랑 속에서 넹겨넹겨주소

어리굽고 고은님은

나를 보고 좃타하네

　　아리랑 아리랑 아라리가 낫네

　　아리랑 속에서 넹겨넹겨주소

날잡아가오 날잡아가오

한양의랑군아 날잡아가오

　　아리랑 아리랑 아라리가 낫네

　　아리랑 속에서 넹겨넹겨주소

우연히 든정이 골수에 맷처

이질망자가 난감하다

　　아리랑 아리랑 아라리가 낫네

　　아리랑 속에서 넹겨넹겨주소[1]

경기도에서도 수십 종의 '아리랑'이 불렸다. 다음은 대표 격인 〈경기 아리랑〉이다. 이곳에서는 25연 중 앞부분 10연까지와 후렴을 소개한다.

경기 아리랑

나를 버리고 가시는 님은

십리도 못 가서 발병난다

　　아리랑 아리랑 아라리요 아리랑 고개로 넘어간다

아리랑 아리랑 아라리로구나 아리랑 띄여라 아라리로구나

수수밭 도조(賭租)는 내 물어줄게
구시월까지만 참아다오
　　아리랑 아리랑 아라리요 아리랑 고개로 넘어간다
　　아리랑 아리랑 아라리로구나 아리랑 띄여라 아라리로구나

가자 가자 어서 가자
백두산 덜미에 해저물어간다
　　아리랑 아리랑 아라리요 아리랑 고개로 넘어간다
　　아리랑 아리랑 아라리로구나 아리랑 띄여라 아라리로구나

풍년이 온다네 풍년이 와요
이 강산 삼천리 풍년이 와요
　　아리랑 아리랑 아라리요 아리랑 고개로 넘어간다
　　아리랑 아리랑 아라리로구나 아리랑 띄여라 아라리로구나

백두산 천왕봉 맑은 용왕담
이천리 구비쳐서 흘러 흘러 압록강
　　아리랑 아리랑 아라리요 아리랑 고개로 넘어간다
　　아리랑 아리랑 아라리로구나 아리랑 띄여라 아라리로구나

한라산 백녹담 좋은 경치

남국의 운치요 제주의 자랑

　아리랑 아리랑 아라리요 아리랑 고개로 넘어간다

　아리랑 아리랑 아라리로구나 아리랑 띄여라 아라리로구나

청천 하늘에 별도 많고

이내 가슴엔 수심도 많다

　아리랑 아리랑 아라리요 아리랑 고개로 넘어간다

　아리랑 아리랑 아라리로구나 아리랑 띄여라 아라리로구나

산 좋고 물 맑은 금수강산

꽃 피고 새 울어 봄철일세

　아리랑 아리랑 아라리요 아리랑 고개로 넘어간다

　아리랑 아리랑 아라리로구나 아리랑 띄여라 아라리로구나

서산에 지는 해는 지고싶어 지나

나를 버리고 가는 님은 가고싶어 가나

　아리랑 아리랑 아라리요 아리랑 고개로 넘어간다

　아리랑 아리랑 아라리로구나 아리랑 띄여라 아라리로구나

백사장 해당화 여자의 자태

눈속에 푸른 솔 남아의 기상

　아리랑 아리랑 아라리요 아리랑 고개로 넘어간다

　아리랑 아리랑 아라리로구나 아리랑 띄여라 아라리로구나[2]

국민가요 〈아리랑〉은 전국 각지에서 그 지역 특유의 가락으로 불렸다. 가사나 후렴이 비슷하거나 차이가 있는 것도 있다. 채록되지 않은 채 구전으로만 이어진 것도 수없이 많을 것이다. 여기서는 채록되어 전해지는 〈아리랑〉을 중심으로 소개한다.

개성 아리랑

오동나무 열매는 감실감실
큰애기 궁둥은 시궁! 새궁
큰애기 XX는 금XX인지
공단에 속곳이 열두채란다
   아리랑인지 지르랑인지
   나는몰라! 나는몰라!

것너 집 큰애가 문여러다오
느어마니친구 니여기왔다
울어마니친구 나는요몰라
내 친구왓쓰면 문여러주지
   아리랑인지 지르랑인지
   나는몰라! 나는몰라!

아주싸리동배 열지를마라
이웃집숫처녀 다노라난다

오르며나리며 잔기침소리
물마른이밥도 목이메누나
　　아리랑인지 지르랑인지
　　나는몰라! 나는몰라!

퍼럿코검언것 복덕에갈보
소복에단장은 새갈보라나
갈보도안닌게 갈본척하고
손목만쥐어도 돈만달낸다
　　아리랑인지 지르랑인지
　　나는몰라! 나는몰라!

나귀는 가자가자 요란히울고
님은자고가라 자리만편다
장지문이달각 소리나더니
큰애기숨소리 더놉하가네
　　아리랑인지 지르랑인지
　　나는몰라! 나는몰라! (…)[3]

양평 아리랑

황해도라 봉산 구월산 밑에
칡뿌리 캐는 저 춘향이가

칡뿌리는 다 캐주고
나품 안에나 잠들어라
얼시구나 좋구나 지화자 좋다
아니아니 노지는 못하겠네

이팔에나 청춘에 혼자서 되고
어데선가 서방에겔 나들이 하나
아리랑 아리라랑 아라리요
아리랑 아리얼쑤 아라리야

무주공산 걸린달은 밝아서 좋지
요내마음 달뜬것은 뜰곳이 있나
아리랑 아리라랑 아라리요
아리랑 아리얼쑤 아라리야

황해도나 봉산은 인심이나 좋아서
한푼아끼 노랑돈 한푼에 열두식이로구나
아서라 말어라 네 그리 말어
어느 님에도 괄세는 그리 못하노니

산간옥루나 물레방아는 물을 안고 도는데
우리 집의 정든 임은 날 안고 돌줄 몰라
아리랑 아리랑 아라리요

아리랑 고개루 날 넴겨 주소 (…)⁴

여주 아리랑

팔라당 팔라당 남갑사댕기

곤때두 안묻어 사주가 왔네

사주는 받아서 농속에 넣구

은근히 앉어서 근심일세

　　아리아리 아리아리 아라리야

　　아리아리 고개루 넘어간다

형님형님 사촌형님 시집살이가 우떻던가

시집살이 말두나 말게

앞뜰에는 고추를 심고

뒤뜰에는 당초를 심어

고초당초 맵다더니

시집살이 보더나 더 매울가

영감아 곶감아 집 잘봐라

보리방아 품팔아다 개떡 쩌줄게

　　아리아리 아리아리 아라리야

　　아리아리 고개루 넘어간다

시어머니 죽기만을 바랬더니

보리방아 물부어놓니 생각나네

시아버지 죽을때 바랬더니

왕굴자리 떨어지니 생각나네

　　아리아리 아리아리 아라리야

　　아리아리 고개루 넘어간다[5]

이천 아리랑

임자 당신은 내 몸 자매를 거저 지나가고

처녀야두나 삼혼칠백은 모두가 실려가오

아이구 아라리요오 천오백년 사재는데 웬성화냐

이곳에 정만 들여서 사잿더니마는

정 안들구서 임 그리워 나 못살겠구나[6]

수원 아리랑

풍년이 와요 풍년이 와요

우리 조선에 풍년이 와요

　　아리랑 아리랑 아라리요

　　아리랑 고개를 넘어간다

우리가 농사를 지어가지고

안락한 가정을 이루어볼까

아리랑 아리랑 아라리요
아리랑 고개를 넘어간다

예전의 외풍을 다버리고
미풍양속을 좇아볼까
　아리랑 아리랑 아라리요
　아리랑 고개를 넘어간다

놀지를 말고 치산을 해서
이세 국민을 양성할까
　아리랑 아리랑 아라리요
　아리랑 고개를 넘어간다

못된 버릇을 다버리고
풍속개선을 하여보세
　아리랑 아리랑 아라리요
　아리랑 고개를 넘어간다[7]

안성 아리랑

아르랑아르랑 아라리요
아르랑얼시고 아라리야

저 달은 반달인데
임 계신 데를 보련마는
　　아르랑아르랑 아라리요
　　아르랑얼시고 아라리야

달아 보이느뇨
임 계신데(明氣)를 빌려라 나도 보게
　　아르랑아르랑 아라리요
　　아르랑얼시고 아라리야

명사십리 해당화야
꽃진다고 설워마라
　　아르랑아르랑 아라리요
　　아르랑얼시고 아라리야

명년 3월 춘절이 되면
너는 다시 피려니와
　　아르랑아르랑 아라리요
　　아르랑얼시고 아라리야

인생 한번 죽어지면
움이 날까 싹이 날까
　　아르랑아르랑 아라리요

아르랑얼시고 아라리야[8]

충청도 편 <아리랑>

충청도 각 지역에서는 각기 특색이 있는 〈아리랑〉이 불렸다. 그 대표적인 〈아리랑〉을 들어본다.

아산 아리랑타령

아리랑아리랑 아라리요
아리랑고개루 넘어간다

공산은 빌 공산인가
쓸쓸한 세간사리 다집어간다
아리랑아리랑 아라리요
아리랑고개루 넘어간다

농민노동자 다 살런다드니
몽맹이 송아지 다 끄러간다
아리랑아리랑 아라리요
아리랑고개루 넘어간다

전문대학을 가르쳐노니
아비 보고서 동무라 부르네
　　아리랑아리랑 아라리요
　　아리랑고개루 넘어간다

청산읍내 물레방아 쉰여덟살은
궁글대를 안고 사시상천 빙글빙글 도는데
우리집 멍텅구리는
날 안고 돌줄 모르네
　　아리랑아리랑 아라리요
　　아리랑고개루 넘어간다

강원도 금강산 일만이천봉
구함사 절 부처님 전에
영연에 초를 밝혀 소리삼장 올리고
아들딸 날라고 산제불공 말고
내 문전에 들은 손님
괄세를 마오
　　아리랑아리랑 아라리요
　　아리랑고개루 넘어간다 (…)[9]

서산 아리랑

풍년이 왔다네 풍년이 왔서
삼천리 강산에 풍년이 왔어

문경에 새재는 그 무슨 고개
올적 갈적에 눈물이라

진중에 가신 랑군 바라지 말고
새 랑군 대려다 정 붓치게

남산에 쏙대기 실안개 돌고
갈보집 마당에 건달이 돈다

아주가리 동백아 여지 마라
되자는 갈보가 몸치레 단장

시간사리 처결은 할등 말등
호박넌출 박넌출 왜요리 번성

세간사리 툭툭 팔어 술바더 먹고
본남편 다리고 경찰서 가지[10]

공주 아리랑

아리랑아리랑 아라리요
님 죽고 내가 살면 열녀문 세우고
열녀문 못세우면 한강수 깊은 물 빠져나 죽네
눈물은 흘러서 한강이 되고
한숨을 쉬어서 동남풍 되네
아리랑아리랑 아라리요
이 좋은 시대 꽃이 집니다

큰아기 XX는 금XX인지
공단 속곳이 열두개란다
아리랑인지 지르랑인지
나는 몰라 나는 몰라[1]

예산 아리랑 타령

아리랑아리랑 아라리요
아리랑고개로 넘어간다

아령아령 아라리야
아르랑고개로 넹겨넹겨주게
아리랑아리랑 아라리요

아리랑고개로 넘어간다

산중 귀물은 여름다래 넌출
인간에 귀물은 너와 나로구나
　아리랑아리랑 아라리요
　아리랑고개로 넘어간다[12]

청원 아리랑

오늘 갈찌 내일 갈찌나 정수정망 없는데
맨드라미 저 봉숭아는 연연이 달라지네
　아리랑 아리 아리랑 아라리가 났구나
　아리 아리랑 고개자춤에 날만 넘겨주게

삼베치마 떨어진 것은 입었을망정
네까짓놈 금니배기는 내 눈알로 도네
　아리랑 아리 아리랑 아라리가 났구나
　아리 아리랑 고개자춤에 날만 넘겨주게

갈철인지나 봄철인지나 나는 몰랐더니
얼었다가 살짝 녹으니 봄철이구나
　아리랑 아리 아리랑 아라리가 났구나
　아리 아리랑 고개자춤에 날만 넘겨주게

아리랑 아리랑 아라리요

얼었다 녹으니 봄철이로구나

　　아리랑 아리 아리랑 아라리가 났구나

　　아리 아리랑 고개자춤에 날만 넘겨주게

저건너 저 묵밭은 작년 봄에두 묵더니

올봄에도 날과 같이두 또 묵는구나

　　아리랑 아리 아리랑 아라리가 났구나

　　아리 아리랑 고개자춤에 날만 넘겨주게

산신령 까마귀는 까옥까옥 하는데

정든 임 병환은 점점 깊어가네

　　아리랑 아리 아리랑 아라리가 났구나

　　아리 아리랑 고개자춤에 날만 넘겨주게

오동나무 열매기는 감실감실

큰애기 젖퉁이는 몽실몽실

　　아리랑 아리 아리랑 아라리가 났구나

　　아리 아리랑 고개자춤에 날만 넘겨주게[13]

충주 아리랑타령

우리집 시어머니 얌채도 좋지

저 잘난걸 나놓고 날 데려왔나

데려나 왔으면 볶지나 말지

요리볶고 저리볶고 콩볶듯하네

주야장 밤도나 길지 너만 홀로 밤이 긴가

밤이야 길드라마는 임이 없는 탓이로다

언제나 유정님 만나 긴밤을 짜르게 새워나보나

앞동산 봄춘자요 뒷동산 푸를청자

가지가지 꽃화자요 굽이굽이 내천자라

동자야 잔 가득 부어라 마실음자 권주가라네

사랑아 내 사랑이냐 잠든 사랑이 내 사랑이지

사랑이 불같으면 가슴인들 오죽 타리

가슴만 탈뿐 아니라 온몸 전신이 다 타노라

해는 지고 저믄 날에 옥창 앵도 다 붉었네

시호시호 부재래야 (…)[14]

괴산 아리랑

아오라지 각자목은 서울 한강을 망정하고 가건만

당신은 망정없이 어디로 가실랍니까?

아리랑아리랑 아라리요
아리랑고개를 날넘겨주소

황새여울 댄꼬밭이 떠내려간네
만지전 산옥이 술판 채리놓게
　　아리랑아리랑 아라리요
　　아리랑고개를 날넘겨주소

청개구리 뛰는 뜻은 멀리 가잔 뜻이요
당신이 웃는 뜻은 精(정) 두자는 뜻이요
　　아리랑아리랑 아라리요
　　아리랑고개를 날넘겨주소

오늘 갈란지 내일 갈란지 정수정망 없는데
뜰 아래 줄봉숭아는 왜 심었나
　　아리랑아리랑 아라리요
　　아리랑고개를 날넘겨주소[15]

제천 아리랑타령

아리랑 아리랑 아라리아

젊어 청춘 소년몸이 되어

우리의 할 일을 하여보세
    아리랑 아리랑 아라리아
    아리랑 아리랑 아라리지

재남 덕산은 우리의 고향
향토를 위하여 사업하세
    아리랑 아리랑 아라리아
    아리랑 아리랑 아라리요

농부는 지게를 지고 산을 넘고
호박순은 건들건들 담을 넘네
    아리랑 아리랑 아라리요
    아리랑 고개로 넘어갈까

월각산 상봉에는 단풍이 들고
우리집 전답에는 풍년이 왔네
    아리랑 아리랑 아라리요
    아리랑 고개로 넘어온다

농촌진흥은 무엇인가
우리가 힘을 쓰면 절로 되네
    아리랑 아리랑 아라리요
    우리가 힘써나 볼까나[16]

옥천 아리랑

　　아리랑 아리랑 아라리요
　　아리랑 얼씨구 아라리야

노다 가는 것은 대장부요
자다 가면은 졸장불세
　　아리랑 아리랑 아라리요
　　아리랑 얼씨구 아라리야

노다 가게 노다 가게
저 달이 지두록만 노다 가세
　　아리랑 아리랑 아라리요
　　아리랑 얼씨구 아라리야

아리랑 고개다 정거장 짓고
도령님 오기만 고대하네
　　아리랑 아리랑 아라리요
　　아리랑 얼씨구 아라리야

울타리 밑에 꼴 비는 총각
눈치나 있거든 떡받아 먹게
　　아리랑 아리랑 아라리요

아리랑 얼씨구 아라리야

떡을랑 받아서 동댕이치고
손목을 잡고서 발발 떠네
　　아리랑 아리랑 아라리요
　　아리랑 얼씨구 아라리야

빨래를 갈라면 강가로 가지
저 건너 삼밭에 멀러러 갔나
　　아리랑 아리랑 아라리요
　　아리랑 얼씨구 아라리야 (…)[17]

영동 아리랑타령

아리랑 아리랑 아라리요
아리랑 타령을 하여보세
우리 동리 청년은 늘어만 가고
하이카라 멋쟁이 줄어만 가네

아리랑 아리랑 아라리요
아리랑 농촌을 지켜가세
우리가 진팽이에 녹이 슨다면
농촌진흥은 그만일세

아리랑 아리랑 아라리요

진흥회 청년단 잘 생겼네

우리의 의기와 단결심으로

자치의 기풍을 날려보세[18]

대덕 아리랑타령

옥도야 금도야 너 어데 가니

인물이 잘나서 강남에 간다

강남에 가지 말고 나 따라와라

높은 산 갈적에 내 업고 가마

기명색 접저고리 남끝동 달고

노리색동 쪼끼치마 멋떠러진다

열두살 먹은 것도 기생이라고

오전짜리 금잔이 발 발떤다

오용오용 물레질 오(여)인네들 노리개

소반놓구 행주질언 가덜어매 할 일이구

논밭갈이 쟁기질언 와다구시 할 일이다[19]

전라도 편 <아리랑>

〈진도 아리랑〉을 상징으로 하는 전라도 지역의 아리랑은 20여 종에 이른다. 민요 연구의 대가 임동권은 〈진도 아리랑〉을 이렇게 설명했다. "진도 아리랑은 가락이 능청스럽고 장엄해서 소리에 힘이 든다. 남도창은 육자배기처럼 힘들거니와 진도 아리랑은 먼저 가락에서 특징이 있다. 태양이 서산에 지는 것이나 님이 이별하고 떠나는 것은 스스로 택한 것이 아니라 부득이한 사정이 있어서 그러는 것이니 세상일이란 뜻대로 이루어지는 것이 아니다. 진도 아리랑은 대개가 사랑을 노래했다."[20]

전라도 대표 아리랑인 〈진도 아리랑〉을 포함해 남원, 순창 등의 아리랑을 들어본다.

진도 아리랑

서산에 지는 해는 지고싶어 지느냐
십오야 밝은 달은 내사랑 같고
　　아리아리랑 쓰리쓰리랑 아라리가 났네
　　아아리랑 응응응 아라리가 났네

날 두고 가신님은 가고 싶어 가느냐
그믐의 어둔밤은 내간장 녹이네
　　아리아리랑 쓰리쓰리랑 아라리가 났네
　　아아리랑 응응응 아라리가 났네

떴다 보아라 공산은 두견이로다
산천의 초목은 달이달달 변해도
　　아리아리랑 쓰리쓰리랑 아라리가 났네
　　아아리랑 응응응 아라리가 났네

울고간다 각새소리
우리들의 먹은마음 변치를 말자
　　아리아리랑 쓰리쓰리랑 아라리가 났네
　　아아리랑 응응응 아라리가 났네

말은 가자고 네 굽을 치는데
님은 붙들고 아니를 놓네
　　아리아리랑 쓰리쓰리랑 아라리가 났네
　　아아리랑 응응응 아라리가 났네

우연히 싫더냐 남의 말을 들었냐
세월아 봄철아 오고가지를 말어라
　　아리아리랑 쓰리쓰리랑 아라리가 났네
　　아아리랑 응응응 아라리가 났네

어째너는 나만보면 윙고개를 트느냐
장안 호걸이 다늙는다
　　아리아리랑 쓰리쓰리랑 아라리가 났네

아아리랑 응응응 아라리가 났네

놀기 좋기는 세장고 복판이고
십오야 밝은달은 구름속에 놀고요
　　아리아리랑 쓰리쓰리랑 아라리가 났네
　　아아리랑 응응응 아라리가 났네 (…)[21]

남원 아리랑

청천 하늘엔 별도 만코
요내 가슴엔 수심도 만다
　　아리랑 아리랑 아라리요
　　아리랑 고개로 넘어간다

시내 강변엔 자갈도 만코
요내 살림사리 말도 만타
　　아리랑 아리랑 아라리요
　　아리랑 고개로 넘어간다

문전 옥토는 다 팔아먹고
철창 생활이 왼 일인가
　　아리랑 아리랑 아라리요
　　아리랑 고개로 넘어간다

간다고 간다고 가시든 님은

단십리 못가서 발병 낫네

　　아리랑 아리랑 아라리요

　　아리랑 고개로 넘어간다

산천초목은 절머가고

우리네 청춘은 늙어가네

　　아리랑 아리랑 아라리요

　　아리랑 고개로 넘어간다

왔네왔네 풍년이 왔네

삼천리 강산에 풍년이 왔네

　　아리랑 아리랑 아라리요

　　아리랑 고개로 넘어간다

무궁화동산에 우는 새야

너무슨 한으로 슬피 우나

　　아리랑 아리랑 아라리요

　　아리랑 고개로 넘어간다 (…)[22]

순창 아리랑

아라린가 지라린가 용턴인가

거름손이나 하는 놈은 제자품 팔고
말주먹이나 하는 놈은 전중이 가고
글자나 하는 놈은 긔장질 가고
일주먹이나 하는 놈은 치도(治道)판 간다
아라린가 지라린가 용텬인가[23]

구례 아리랑

삼각산 몰랑에 비오나마나
어린가장 품안에 잠자나마나
아리랑 아리랑 아라리가 낫네
아리랑 얼씨고 날 예워주소[24]

정읍 아리랑

논중에 옥토는 신작로 들고
사람이 난놈은 감옥으로 든다
   아리랑인가 용텬인가
   얼마나 조흐면 저 지랄인고

홍둣재 방망이 팔자가 조화
큰아기 손길에 다 녹아난다
   아리랑인가 용텬인가

얼마나 조흐면 저 지랄인고

열두살 먹어서 술잔을 드니
위지왈공론(謂之日公論)이 갈보라 한다
 아리랑인가 용텬인가
 얼마나 조흐면 저 지랄인고

쑬보담 더신것은 큰아기 중동
초보담 더신것은 큰아기 중동
 아리랑인가 용텬인가
 얼마나 조흐면 저 지랄인고

큰아가 큰아가 너그머니 친구 내가왔네
울어머니 친구 내가몰라
왔다시친구 내가 문열어주지
 아리랑인가 용텬인가
 얼마나 조흐면 저 지랄인고[25]

장수 아리랑타령

며느리 잘한다고 칭찬을 했더니
오강단지 씻거다가 살강에다 놓았네
 아리아리랑 스리스리랑 아라리가 났네

아리랑 흥흥흥 아라리가 났네

우리가 이른다고 욕하지 말고
세상이 이러니까 할수 있소
    아리아리랑 스리스리랑 아라리가 났네
    아리랑 흥흥흥 아라리가 났네[26]

무주 아리랑타령

    아리랑 아리랑 아라리오
    아리랑고개로 넘어간다

구암골 깊고도 얼케진 갈대밭은
어느듯 양전옥토가 되었구나
    아리랑 아리랑 아라리오
    아리랑고개로 넘어간다

양전옥토가 되기는 저절로 되었나
우리네 농부의 피땀이라
    아리랑 아리랑 아라리오
    아리랑고개로 넘어간다

피땀만 흘리면 득실이야

갈고서 베어야 득실이지
　　아리랑 아리랑 아라리오
　　아리랑고개로 넘어간다

갈고서 베면은 득실이랴
근검저축을 하여야 득실이지
　　아리랑 아리랑 아라리오
　　아리랑고개로 넘어간다

콩콩소리가 웬소리
뒷집큰아기 도구질소리
　　아리랑 아리랑 아라리오
　　아리랑고개로 넘어간다 (…)[27]

고흥 아리랑

　　아리아리랑 스리스리랑 아라리가 났네
　　아리랑 끙끙끙 아라리가 났네

사꾸라꽃은 필 듯 말 듯
님하고 나하고 정들 듯 말듯
　　아리아리랑 스리스리랑 아라리가 났네
　　아리랑 끙끙끙 아라리가 났네

이웃집 담장은 높아야 좋고
술집의 아주머니 고와야 하네
　　아리아리랑 스리스리랑 아라리가 났네
　　아리랑 끙끙끙 아라리가 났네

시엄씨 시엄씨 강생을 마라
자기자식 엽엽하면 밤마슬 갈까
　　아리아리랑 스리스리랑 아라리가 났네
　　아리랑 끙끙끙 아라리가 났네

씨시쌀 씻는지 뻔히 알면서
맹감씨 씻냐고 말붙임하네
　　아리아리랑 스리스리랑 아라리가 났네
　　아리랑 끙끙끙 아라리가 났네

저건너 저꼴짝 뭣하는 꼴짝
세머시매 세가시내 눈맞는 꼴짝
　　아리아리랑 스리스리랑 아라리가 났네
　　아리랑 끙끙끙 아라리가 났네

산천이 높아야 꼬랑도 깊으제
조고마한 연자속이 얼마나 깊냐
　　아리아리랑 스리스리랑 아라리가 났네

아리랑 끙끙끙 아라리가 났네 (…)[28]

장흥 아리랑

아리랑 고개는 열두고개
진달래 한송이 피는 고개

아리랑스리랑 하모니까 소리는
자다가 들으면 우리오빠 소리요

아리랑 춘자야 분발라라
스리랑 달밤에 선보러가자

아리랑 타랑은 누가 냈나
건방진 큰애기 내가 냈네

술집이 처녀야 술걸러라
우중충 달밤에 숭애배 단다

바다에 뜬배야 소리말고 가거라
찹찹한 내속이 다 헝크러진다

무정한 기차는 날 실어다놓고

환고향 시킬줄 나는 몰랐네

기차는 가자고 쌍고동을 트는데
친구는 붙잡고 날 못가게 하네[29]

순천 아리랑

　　아리랑 아리랑 아라리요
　　아리랑 고개로 넘어간다

부귀 빈천을 한탄 마소
손발을 걷어 일해보자
　　아리랑 아리랑 아라리요
　　아리랑 고개로 넘어간다

청천 하늘에 별도 많고
우리집 살림에 걱정도 많다
　　아리랑 아리랑 아라리요
　　아리랑 고개로 넘어간다[30]

해남 아리랑

아리아리랑 스리스리랑 아라리가 났네

아리랑 으응응 아라리가 났네

아리랑 춘향이가 보리타작을 하다가

이도령 세비소리 오줌을 쌌네

오줌을 싸는것도 이만저만 아니고

낙동강 칠백리에 홍수가 졌네

아리아리랑 스리스리랑 아라리가 났네

아리아리랑 쓰리쓰리랑 아라리가 났네

아리랑 흐흥흥 아라리가 났네

십오야 밝은달은 꿈속에 놀고

우리님과 한가지로 달따러를 가네

천장에 노는 월로만돌고

바다의 윤선은 기계기계로 돈다

놀고가 놀고가 오니아니 놀고가

울고야 갈길을 내가왜 왔던가

아리아리랑 쓰리쓰리랑 아라리가 났네[31]

승주 아리랑

나떠나 간다고 실통정 말어라

앞피고 꽃이피면 또다시 만나리

아리랑 응이절시구 아라리가 났네

가면가고 말면은말제
네잡놈 따라서 내가 돌아갈까
아리아리랑 스리스리랑 아라리가 났네
아리랑 응아절시구 아라리가 났네[32]

김제 아리랑타령

산도나 설고 물도나 선데
누구를 보랴고 아이고 여기 왔나
아리아리랑 아리아리랑 아리랑이 났네의
아리랑 응 어-응 아르랑이 났네

저놈의 계집애 눈매를 보소
곁눈은 감고서 아이고 속눈 떴네
아리아리랑 아리아리랑 아리랑이 났네의
아리랑 응 어-응 아르랑이 났네[33]

완주 아리랑

니가 잘라 내가 잘라 모두가 잘라
다음엔 대통령 나도 나와볼까
아리아리랑 스리스리랑 아라리가 났네

금년농사 잘도지어 선거자금 만드러
다음엔 국회의원 나도 나와볼까
아리아리랑 스리스리랑 아라리가 났네[34]

신안 아리랑

우리집 뒤안에 임모초나모는
오월이라 단오날에 내몸에 약이라
　　아리아리랑 스리스리랑 아라리가 났네에
　　아리랑 어럴 얼씨고 아라리가 났네

마당을 씰어다가 갬부락을 낳더니
내속과 같이도 내속만이 탕구나
　　아리아리랑 스리스리랑 아라리가 났네에
　　아리랑 어럴 얼씨고 아라리가 났네

은앙산 그늘은 갯강물을 덮는디
우리야 어매는 날 엎어오네
　　아리아리랑 스리스리랑 아라리가 났네에
　　아리랑 어럴 얼씨고 아라리가 났네

지랄이 엮어서 문욱에 걸고
바람만 불어도 신간이 녹네

아리아리랑 스리스리랑 아라리가 났네에

아리랑 어럴 얼씨고 아라리가 났네

머리를 빗고서 경대를 보니

촌살림하기가 내가 원통하구나

아리아리랑 스리스리랑 아라리가 났네에

아리랑 어럴 얼씨고 아라리가 났네 (…)[35]

전주 아리랑

시어머니 죽엇다고 춤추었더니

보리방아 물부스니 생각난다

시아바니 죽엇다고 춤추엇드니

서리아침 맨발벗기 생각난다

아주싸리 뎅백아 여지를마라

산골짝큰애기 몸단장헌다

열나는콩팟은 안이나열고

열지말난뎅백만 열어쌋네

시내강변에 자갈도만코

요내살님사리 말도만타

갈보란종자가 싸로나잇냐
열두살먹어서 술잔을드니 (…)[36]

경상도 편 <아리랑>

경상도 지역에서 채집된 〈밀양 아리랑〉 계열의 아리랑은 31종으로 강
원도에 이어 두 번째로 많은 편이다.

> 국내에서 밀양 아리랑은 흥겨운 소리·노래로서 팔도인들이 고루 애창
> 하고 있으며, 해외로는 중국의 연변, 소련의 알미아타, 일본 등지에서 애창
> 되고 있다.
> 밀양 아리랑은 밀양—경상도—조선팔도—일본—중국—소련—전 세계
> 로 전파됐다. 그래서 세계 어느 곳이건 한국인이 살고 있는 문화영토에는
> 밀양 아리랑을 비롯한 각 아리랑들이 살고 있다. 특히 해외에 살고 있는 경
> 상도인들에게 밀양 아리랑이 조국의 노래, 고향의 노래로 간직되고 있는
> 것이다.[37]

〈밀양 아리랑〉의 가사는 후렴 말고도 총 53연이나 된다. 여기서는 앞의
일부와 후렴을 소개한다.

밀양 아리랑

아리아리랑 아리아리랑 아라리가낫네
아리아리랑 얼시구 노다가게
십오야 밝은달에 님업스면
단장에 상사로 눈물이난다

아리아리랑 아리아리랑 아라리가낫네
아리아리랑 얼씨구 님하고놀가
심산궁곡 깁흔 곳에
오작이한쌍이 입에 물고 논다

아리아리랑 아리아리랑 아라리가낫네―
아리아리랑 얼씨구 님하고 놀가
내가잘나 네가잘나 그―누가잘나―
구리백동 지전이라야 일색이지

아리아리랑 아리아리랑 아라리가낫네
아리아리랑 얼씨구 님하고놀가
저기저기 저산이 계룡산이드냐
오―동지섯달에 고목이되었네

아리아리랑 아리아리랑 아라리가낫네

아리아리랑 얼씨구 님하고놀가

엇던에 잡놈이님좆타드냐

알고나보면 원수로다

(후렴) 아리아리랑 쓰리쓰리랑 아라리가낫네

　　　아리랑 아리얼시구 아라리가 낫네[38]

다음은 경상도 전 지역에서 일반적으로 불린 〈경상도 아리랑〉이다.

경상도 아리랑

아리랑 아리랑 아라리요

아리랑 후즐시고 날넘겨주소

　　아리랑 아리랑 아리랑 아라리요

　　아리랑 고개로 넘어간다

울넘어 담넘어 님숨겨두고

호박잎만 한들한들 날속였네

　　아리랑 아리랑 아리랑 아라리요

　　아리랑 고개로 넘어간다

만경창파에 떠가는 배야

거기좀 닻주어라 말물어보자

아리랑 아리랑 아리랑 아라리요

아리랑 고개로 넘어간다

문경새재는 어드멘고

구부야 구부야 삼백릴세

아리랑 아리랑 아리랑 아라리요

아리랑 고개로 넘어간다[39]

김천 아리랑

오라바님 장게는 명년에 가고

농우소 파라서 날 치아주소

우리댁 서방님은 일본을 가고

분질같은 이내 모양 다 늙는다

우리댁 서방님은 콩밧골 타고

남의댁 서방님은 자동차 탄다

신장로 널너서 질것기 조코

댄씨불 발가서 썩보기 조타

이팔청춘 늙는거슨 한탄을 하고

세월네월 가는거는 한탄을 마라 (…)⁴⁰

상주 아리랑타령

도라지병풍 연다지안에 잠든큰애기 문열어라

바람불면 비올줄알고 내올밤은 왜모르나

시집가던 삼일만에 본가장은 귀양가고

귀양가던 일주일에 객사했다 통지왔네

두자두치 잣바게는 어느낭군 비어주며

오동장농 객개수는 어느자식 물려줄꼬

각자는 서방도 열셋이요 죽자는 서방도 열셋이요

살자는 서방도 열셋이라

일삼은삼 삼삼은구하니 서른아홉번 호강하니

여중에 일생은 나뿐일세⁴¹

문경 아리랑

아리랑아리랑 아라리요

아리랑고개로 넘어간다

문경새재에 물박달나무

홍두깨방망이로 다나간다

아리랑아리랑 아라리요

아리랑고개로 넘어간다

홍두깨방망치는 팔자가 좋아
큰애기 손 끝에 놀어난다
　　아리랑아리랑 아라리요
　　아리랑고개로 넘어간다

갈보질 갈라고 빗은 머리
동남풍 불어서 남머리저
　　아리랑아리랑 아라리요
　　아리랑고개로 넘어간다

아주까리 피마지는 일년에 한번
지름머리 단장은 나날이 하네
　　아리랑아리랑 아라리요
　　아리랑고개로 넘어간다

우리 딸일흠은 금쌀애기
동래부산 김할량의 맏미너리
　　아리랑아리랑 아라리요
　　아리랑고개로 넘어간다

산천초목은 빈치마는

우리동무는 빈치마라

　　　아리랑아리랑 아라리요

　　　아리랑고개로 넘어간다

너캉나캉 정들었지

이붓집 노인이 요사로다

　　　아리랑아리랑 아라리요

　　　아리랑고개로 넘어간다

수심은 첩첩한데

잠이 와서야 꿈을 꾸지

　　　아리랑아리랑 아라리요

　　　아리랑고개로 넘어간다[42]

안동 아리랑

웃치고닥치고 열무짐치끝이 가시나 임은

십리도 못 가서는 왜또 돌아오노

　　　아리아리랑 쓰리쓰리랑 아라리가 났네

뒷동산의 진달래는 민첩산중을 붉히고

썩은 막걸리 내심정을 붉힌다

　　　아리아리랑 쓰리쓰리랑 아라리가 났네

정선읍내 물래방애는 잘도 물살을 안고서 천길천길로 도는데
이방중에 앉은손님은 나를안고 돌줄모르네
　　아리아리랑 쓰리쓰리랑 아라리가 났네
　　아리랑 고개고개로 나를 넘겨주시오

영월영덕물래방아는 물만안고 밤낮으로 빙글빙글 도는데
우리집의 저낭군님은 날만안고 닛방구석으로 곤두박질하는구나
　　아리아리랑 쓰리쓰리랑 아라리가 났네[43]

봉화 아리랑

아리아리랑 아라리요 아리랑고개로 날넘겨주소
팔도멀리 집떠나멀리 구름속엄마가 밤마다우네
아리랑아리랑 아라리요 아리랑고개에 핏밭이팔팔
삼천리강산 나팔이소리이 이땅땅거리고(청취불능)
아리랑아리랑 아라리요 아리랑고개나 넘어나가자
아가아가 우지를 마라 뒷동산줄기에 해넘어간다
에라요것이 사랑이란다 에라요것이 서름이란다
옥도백도 우거진 곳에 처녀총각이 넘나라든다
에라요것이 사랑이란 에라요것이 서름이란다
옥도백도 우거진 곳에 처녀총각이 넘나라든다
에라요것이 사랑이란다
싸우다싸우다 아니되면 이강산삼천리 불지러가세

아리아리 아리아리 아까운 요청춘 누가다려 가노
아리아리 아리아리 니앓지마라 니앓는 꼴새는 내못본다
풍년이 질리만 대풍년지고 이내야 일신은 디워엘란고
아리아리 아리아리 니앓지마라 니앓는 꼴새는 내못본다[44]

대구 아리랑

아리랑아리랑 아라리요 아리랑얼씨고 아라리야
선천에기물은 멀구다래 인간에기물은 최양환이

아리랑아리랑 아라리요 아리랑얼씨고 아라리요
청춘에할일이 어디없어 요까짓종사에 몸풀렸노

아리랑아리랑 아라리요 아리랑얼씨고 아라리요[45]

영일 아리랑

감발하고서 주먹쥐고
용감하게도 넘어간다
　　　아리랑아리랑 아라리요 아리랑고개로 넘어간다

우리의압길에 성립군아
쯧과갓치 성공하세

아리랑아리랑 아라리요 아리랑고개로 넘어간다

간난자누구냐 탄식마라
부귀빈천은 돌고돈다
　　아리랑아리랑 아라리요 아리랑고개로 넘어간다

일낙은서산에 해가 지면
월출동산에 달이솟네
　　아리랑아리랑 아라리요 아리랑고개로 넘어간다

외짝의기럭아 왜우느냐
네짝을일코서 왜우느냐
　　아리랑아리랑 아라리요 아리랑고개로 넘어간다

원수다원수다 원수로다
총가진포수가 원수로다
　　아리랑아리랑 아라리요 아리랑고개로 넘어간다

쓰라린가삼을 웅켜쥐고
백두산고개를 넘어간다
　　아리랑아리랑 아라리요 아리랑고개로 넘어간다

아리랑고개로 넘어간다

용감스럽게 넘어간다

　아리랑아리랑 아라리요 아리랑고개로 넘어간다[46]

울릉도 아리랑

　아리랑 아리랑 아라리요
　아리랑 고개로 넘어간다

산천초목은 청청한데
인간청춘은 늙어나 간다
　아리랑 아리랑 아라리요
　아리랑 고개로 넘어간다

멀구야 다래야 열지마라
산중의 처녀가 일못한다
　아리랑 아리랑 아라리요
　아리랑 고개로 넘어간다

울릉도고개는 자물통고갠지
한번 오신님은 왜갈줄모르나
　아리랑 아리랑 아라리요
　아리랑 고개로 넘어간다

산천의 귀물은 멀구나 다래
인간의 귀물은 처녀총각
　　아리랑 아리랑 아라리요
　　아리랑 고개로 넘어간다

앞집의 총각아 뒷집의 처녀
성인봉밑으로 삼캐러 가세
　　아리랑 아리랑 아라리요
　　아리랑 고개로 넘어간다[47]

영천 아리랑

아주까리 동백아 더 많이 열려라
산골집 큰애기 신바람난다
아리란가 쓰라린가 영천인가
아리랑 고개로 날 넘겨주오

멀구야 다래야 더 많이 열려라
산골집 큰애기 신바람난다
줄참외 밭참외 가득 따 놓고
앞집의 큰 애기 님 생각하네

멀구야 다래야 더 많이 열려라

산풍년 들풍년 만풍년 들어라

울 넘어 담넘어 님 숨겨두고

호박잎만 난들난들 난 속였소.[48]

하동 아리랑

청천하날에 별도만코

요나의가삼에는 수심도만타

　　아리아리랑 아리아리랑 아리령이낫네-용에

　　아리랑고개에만 날넘겨다-고

저달의뒤에는 별따라가고

우리님뒤에는 날따라간다

　　아리아리랑 아리아리랑 아리령이낫네-용에

　　아리랑고개에만 날넘겨다-고

힘새나씨는 양반 일본을가고

말재나하시는님 감옥에간다

　　아리아리랑 아리아리랑 아리령이낫네-용에

　　아리랑고개에만 날넘겨다-고

정든님오셨는대 인사를못해

손수건입에물고 입만쌩씃

아리아리랑 아리아리랑 아리령이낫네-용에

아리랑고개에만 날넘겨다-고[49]

창녕 아리랑

담을너머갈적에 큰마음먹고

문고리잡고서 발발발썬다

시어머니죽을째에 춤추엇더니

보리방아물실어노으니 생각난다[50]

창원 아리랑

아리랑고개다 정거장짓고

전기차오기만 기다린다

　　　아리랑 아리랑 아라-리-요

　　　아리랑 고개다 날 넘기주소

불국사연실봉 신작로되고

자동차타고서 임차자가자

　　　아리랑 아리랑 아라-리-요

　　　아리랑 고개다 날 넘기주소

아죽가리피마자 열지마라
촌놈의가시나 갈보질간다
    아리랑 아리랑 아라-리—요
    아리랑 고개다 날 넘기주소

낙동강칠백리 공굴노코
하이카라잡놈이 손찔한다
    아리랑 아리랑 아라-리—요
    아리랑 고개다 날 넘기주소

하가씨한장에 일전고린해도
정든님소식이 무소식이란말가
    아리랑 아리랑 아라-리—요
    아리랑 고개다 날 넘기주소

시집사리 몬살면 친정가살지
술담배 굼고는 내못살네
    아리랑 아리랑 아라-리—요
    아리랑 고개다 날 넘기주소 (…)[51]

남해 아리랑 별곡

커-다란나무는 전보대되고

알마즌처니는 다―나간다
아리랑 콩달콩 씪여나놀자

저긔선저총각 날좀봐요
입에문 썩내던지고 날좀봐요
아리랑 콩달콩 씪여나놀자

너는야 날보면 본등만등
나는야 너보면 쏙죽겠다
아리랑 콩달콩 씪여나놀자

아리랑통치마 엽구멍쑬소
하이칼나손목이 들낭날랑
아리랑 씪여라 놀다가자[52]

부산 아리랑

담넘어갈째는 큰마음묵고
문소리잡고는 발발쩌네
    아리랑아리랑 아라리요
    아리랑고개다 노다가세

청천하늘에 별도만코

홀아비살님에 말도만타
　　아리랑아리랑 아라리요
　　아리랑얼시고 노다가세

문경새재 박달나무
홍둑개방맹이로 다나간다
　　아리랑아리랑 아라리요
　　아리랑고개다 노다가세 (…)[53]

동래 아리랑

날좀보소 날좀보소 날좀보소
동지섣달 꽃본듯이 날좀보소

세상에 핀 꽃은 올긋불긋
내마음에 핀꽃은 올긋불긋

담넘어 갈때는 큰마음먹고
문고리 잡고선 발발떤다

물명주 단속곳 줄맞쳐입고
유리영창 반만열고 낮잠잔다

네가잘나 내가잘나 그누가잘나

양인이 정들면 다잘났지

술이라고 생기거든 취하지를 말고

임이라고 생기거든 이별을 마라[54]

강원도 편 <아리랑>

아리랑은 일반적으로 강원도의 〈정선 아리랑〉, 경상도의 〈밀양 아리랑〉, 전라도의 〈진도 아리랑〉을 손에 꼽는다. 그러나 삼천리 방방곡곡 그리고 해외 한인이 집단으로 거주하는 곳이면 어김없이 그 지역 특색의 아리랑이 틀 잡고 불린다. 더러는 유사하거나 후렴은 같으나 본 가사가 다르기도 하다.

〈정선 아리랑〉은 '정선 아라리'라고도 부르며, 강원도 무형문화재 제1호로 등록돼 있다. 이 노래는 정선에만 국한되지 않고 강원도 전역에서 불렸다.

정선 아리랑 가락은 느리면서도 구슬프다. 태백준령 첩첩산중에서 한 뼘 하늘을 머리 위에 이고 살던 정선 사람들은 고단한 생활에서 보고 듣고 체험한 모든 것을 조선시대 초기부터 아라리 가락에 담아 불렀다. 흥겨운 가락의 밀양 아리랑과 달리 정선 아리랑이 구슬픈 것은 이 지방 특유의 정서와 분위기 때문이다.

정선 아리랑은 고려가 멸망하면서 지조를 지키던 고려 유신들이 험준한
정선 땅으로 숨어들어 생활하면서 부른 노래가 기원이라고 전해진다. 고려
유신들의 입에서 나온 노랫말과 가락이 흥겨울 리 없을 것이다.[55]

강원도에는 아리랑 또는 아라리 계열의 노래가 50여 종에 이른다. 또한
〈뗏목 아리랑〉이 함께 불렸다. 지역 특성상 목재를 서울로 옮길 때 인부
들이 뗏목을 이용하면서 부른 노래이다. 15개 연 가운데 앞부분 5개 연을
들어본다.

뗏목 아리랑

우수나 경칩에 물풀리니
합강정 뗏목이 떠내려오네
아리아리 쓰리쓰리 아라리오
송산에 포아리를 돌아만가세

창랑에 뗏목을 띄워노니
아리랑 타령이 처량도하네
아리아리 쓰리쓰리 아라리오
보매기 여울을 거쳐나가세

도치거리 갈보야 술거르게
보매기 여울에 떼내려오네

아리아리 쓰리쓰리 아라리오
뉘역바위 덜머리로 돌아만가세

뗏목에 서방님 좋다더니
신연강 포아리가 아직일세
아리아리 쓰리쓰리 아라리오
할미여울 물안길로 차자를가세

봉의산 정자는 구경정자
소양강 정자로 만나보세
아리아리 쓰리쓰리 아라리오
신연강 포아리를 돌아만가세[56]

다음은 강릉에서 불렸던 〈정선 어러리〉와 〈춘천 아리랑〉을 차례로 소
개한다.

정선 어러리

동백나무 열매는 가매감실
아니나든 정든님 생각이 간절하네
물명주단속곳은 허리 유통에다만 걸고

물명주단속곳은 허리 유통에다만 걸고

장부의 일천간장을 다 녹여내네

인삼녹용 패독산도 나는 실허이
후원별당 잠든아기를 깨워나주게

삼사월 긴긴해에 점심을 굶어 살면 살엇지
동지섯달 긴긴밤에는 나는 혼자 못자겟네

타따봉접아 네자랑 마라
꼿도 늙어 락화되면 접불레라[57]

춘천 아리랑(1)

춘천아 봉의산아 너잘잇거라
신연강 배머리하즉일다
춘천의 봉산은 명산인데
부내팔동이 개화를 한다
삼학산 밋테다 신작로내고
자동차 바람에다놀아난다
양구낭천 흐르는 물에
배추 씻는 저 처녀
것대나떡닙을 다젓치고
속에나속대를 나를주게

언저나 보던님이라고
속에속대를 달나시오
지금보면 초면이오
잇다가보면은 구면일세
초면구면은 구만두구
부모님 무서워 못주겠네[58]

춘천 아리랑(2)

춘천아 봉의산아 너 잘있거라
신영강 뱃터가 하직일세
　　　아리랑 아리랑 아라리요
　　　아리랑 고개로 넘어간다

우리나 부모가 날 기르실제
성대장 줄려고 날 기르셨나
　　　아리랑 아리랑 아라리요
　　　아리랑 고개로 넘어간다

구약통 납날개 양총을 메고
발엄산 대전에 승전을 했네
　　　아리랑 아리랑 아라리요
　　　아리랑 고개로 넘어간다[59]

정선 아라리

눈이 올라나 비가 올라나 억수장마 질라나
만수산 검은 구름이 막 모여든다

명사십리가 아니라면은 해당화는 왜 피며
모춘삼월이 아니라면은 두견새는 왜 울어

강초일일에 환수생하니
강물만 푸르러도 고향 생각나네

무협이 냉냉하여 비세정하니
인생차세에 무엇을 하나

강산고택에 공문조하거든
운우황대에 기몽사라던가

야월삼경에 저 두견아 촉국흥망이
어제와 오늘에 아니거든 어찌하여 저다지 슬피우나

금준미주는 천인의 혈이요
옥반가유는 만성고라

촉루낙시에 민루낙요

가성고처는 원성고라

아침 저녁 돌아가는 구름은 산끝에서 자는데

예와 이제 흐르는 물은 돌부리에서만 운다 (…)[60]

평창 아리랑

월정오대산 박달남근

축자왕자로 다나간다

아리랑 아리랑 아라리야

아리랑 고개서 노다가세

축자왕자는 팔자도 좋아

기차에다 몸을 싣고 안동현 구경

아리랑 아리랑 아라리야

시리랑 고개로 넘어가세

산중 까마귀 까악까악

그이의 병환이 중한줄 아네

아리랑 아리랑 아라리야

아리랑 고개로 넘어간다

애고야 지고야 통곡을 마라
죽었던 그이가 또 살아올까
아리랑 아리랑 아라리야
아리랑 띄어라 노다가세 (…)⁶¹

원주 아리랑

슬슬동풍 재너머 바람에
홍갑사댕기가 팔팔 날린다
    아리랑 아리랑 아라리요
    아리랑 고개로 넘어간다

내가야 언제 널 오라했더냐
내길이 바빠서 활개질했지
    아리랑 아리랑 아라리요
    아리랑 고개로 넘어간다

뒷문밖에 함박꽃송이
소구동하고도 님만 살핀다
    아리랑 아리랑 아라리요
    아리랑 고개로 넘어간다

떴다 감은 눈치는 날 가라는 눈치요

감았다 뜨는 눈치는 놀다가란 말일세

    아리랑 아리랑 아라리요

    아리랑 고개로 넘어간다

치악산 나무가 돈만 같다면

북원땅 기생은 모두 내것이로다

    아리랑 아리랑 아라리요

    아리랑 고개로 넘어간다 (…)[62]

강릉 아라리

아라리로구나 이 아리랑 고개로 날 넘겨주게

놀다가 죽어져도야 원통하다고 하는데

일하다가야 죽어지면 더 할말이 있나

양궐련 담배는야 심심초요

칠대백이야 양산대는야 신등대로구나

이팔에 청춘에 소년과부 되고요

임 그리고 돈 그리워 나는 못살겠네

아리랑 아리랑 아라리가 났네

어듸 가나 시구 절려서 아라린가

죽엄에 이별이야 저마다 하건만

살아생전 생이별을 산천초목이 운다야
아리랑 아리랑 아라리야
아리 아리 고개로 나를 넘겨줘야[63]

삼척 아리랑

아리랑 춘자아가 보리쌀을 찧다가 아
이 도령 피리 소리 오줌을 났네
오줌을 놓아도 적게나났나
낙동강칠백리가 홍수가 졌네
아리아리랑 쓰리쓰리랑 아라리가났네
아리랑 고개고개로 날만넘겨주게 이 야야[64]

영월 아라리

세월이야 가는길은 흐르는 물결같고
인생에 가는길은 바람결이구나

노다구 동구내가서 강물에나 보세
잠자다가 동구내가서 당달봉사로구나

사람아 광풍을 부지를 말어라
동풍에 나이작이 다 떨어지네

저달저달 동성이 궂은비 솔솔솔 오고요

지화야 양손이 임만 살쪄서 노잔다

에헤야 데헤야 가잔다 뒤동동 사고자 등산만제처라

남쪽의 발전도 북쪽의 탄광

동강물 흐르는 나룻배 쌍 쌍

동래산 중허리 솔개차 떳다

금강정 밑에 백합이 논다

얼싸좋다 양허리에 단종대왕이 질이다[65]

양양 아리랑

천하네야 일사를 양고일 이래도

죽어나 들어선 무얼 사라고나

아리아리야 쓰리쓰리야 아라리오

아라리 고개로 날넘겨 주세

파릉파릉 파릉새야 녹두밭에 앉지마라

녹두꽃이 다떨어지면 청포장수가 울고가네

얼씨구 절씨구차차차 아니노지는 못하리라

아리랑 아리랑 아라리요 아리아리 고개 저쪽만 날넘겨 주게

심오산천에 초목도 임자가 있건마는 이놈으 팔

자는 혼자사나 한번 가믄은

또다시 못오는 것이 인간이 을씨다 (…)⁶⁶

정선 아리랑타령

강원도 영천앞 물방아가 있는지라
밑지않은 마누라들이 도구방아를 찧어
이야서서 찧고 잠이나 자잤구나
낭군없이 드는잠은 새우잠을 잔다
　　에헤로 찧어찧어도 방아 흥에로구나

술이라 하는것은 아니먹자 맹서하더니
안주보고 술을보니 맹사둥둥 허사로다
잡기라고 하는것은 수일저녁 잠못자
입진미 입에다넣니 모도다 모래같고
집을팔고 밭을파니 패가망신이 아닌가
　　에헤로 찧어찧어도 방아 흥에로구나

지개바탕 큰애기들은 망건뜨기를 잘한다더라
이야그것 모두 다거짓말 이로다
아무개 딸이라 다그럴건가 망건고장이기 그렇지
　　에헤로 찧어찧어도 방아 흥에로구나 (…)⁶⁷

구(舊) 정선 아라리

동백나무열매야 다담북 열어라
이웃집 처녀 다리고 열매 싸러갈게

아주가리농사를 힘쓰고보니
십여명식구가 저녁을 굶네

술을 술술 잘넘어가고
밥은 중지가 맥혀서 못먹겠네

물동 우여다노코 물그럼자 보니
촌색시 노릇하기 제안이 원통한가

울타리 밋헤다 님 세워노코
호박잎이 넌줄넌줄하야 님 못뵈네

호박잎이 넌줄넌줄 님 못보거든
동네초군더러다 호박줄것네[68]

감수의 말

민족의 노래 〈아리랑〉의 부활을 위하여

아리랑 인생. 종종 그런 말을 듣는다. 파란의 삶. 눈물과 고난의 물길같이 아리랑 인생은 펼쳐진다. '아리랑 아리랑 아라리요, 아리랑 고개를 넘어간다' 하든가 '아리랑 고개로 나를 넘겨주소~' 한다. 넘어가고 넘어오고 넘겨주고 하면 물 같은 우리 인생, 삶과 죽음이 절로이다. 산자분수령(山自分水嶺). 산과 물은 절로 만나 고개를 이루니 고개 넘어 오르고 내리며 삶과 자연은 길[道]이니 절로 아리랑이다. 알. 아리랑 알라 아멘이다. 알은 신이요 빛의 근원이다.

김삼웅 선생은 민족의 선각(先覺)이다. 선각께서는 민족의 빛을 찾아 1990년대에는 대한매일신보 주필로서 정론을 폈다. 이후 역사·언론 바로잡기와 함께 아마 불세출의 생불사(生不事)한, 청사(淸史)에 기록될 독립운동가 민주화운동가들의 삶을 추적하는 열전(列傳)을 펼쳐나가며, 이제 『겨레의 노래 아리랑』이라는 대역사(大役事)를 내놓으셨다. 사람의 역사가 곧 아리랑이고 아리랑을 통해서 참다운 우리 민족의 역사를 밝힐 수 있다는 생각을 알 수 있다.

이 책은 국내 최초 〈아리랑〉의 역사의 총체성을 담고 있다. 단군의 제단을 넘어 끝없이 펼쳐져 있을 〈아리랑〉. 화해와 극기의 민족정신의 원형으로 〈아리랑〉을 선각께서는 아리고 쓰린 마늘과 쑥에서 흐를 아리 아리랑 쓰리 쓰리랑의 원초성부터, 수십 가지 말의 어원을 통한 아리랑 기원설, 말[言]이 시(詩)요 곧 노래[音]로 놀다 다시 무(無)로 도는 원효의 무애무(舞)로 도는『시경(詩經)』의 '도(道)'와 같은 노래의 원천성으로 흥얼거리며 흘러온 우리 민족의 아리랑 인생 내력을 풀고 있다.

이 책은 우리 민족의 아리랑 인생 내력이다. 고조선부터 삼국에 고려에 조선, 왜정에 해방과 분단, 전쟁과 독재 그리고 통일을 향한 점철된 역사의 파란과 함께 그때 그 시절 고개를 넘어온 아리랑의 싸움과 좌절, 찢긴 왜곡에 신랄한 풍자가 담긴 〈아리랑〉이 주옥같이 담겨 있다. 타이항산 조선의용대 저항아이랑과 친일 모리배들의 어용아리랑에, 각설이조로 또는 보리타작을 하듯 을사오적을 패대기치는 옹헤야 아리랑에, 뽕짝조로도 놀다 닐리리 맘보조로 아리랑치기하다, 풀초잡놈조에 대중가요조로 놀다, 군인들의 군가로 끝내는 민족의 노래 아리랑을 애국가로 하자는 임진택 선배를 말씀하시며 아리랑의 역사화를 제안하신다.

얼마 전 우리 시대 천하의 소리 영웅 임진택 선배(先輩)가 '어이 우리 선각이 아리랑을 글로 푸셨다 하니 우리 한번 선각의 아리랑 행장(行裝)을 꾸며드리기 위해 우리 사당(社黨)으로서 침 좀 발라야 하지 않겠는가' 하여 문필봉사라도 할 요량으로 곁다리로 들어서니 '헛, 우리 민족의 아리랑이 보이더라'가 첫 감상이었다.

소리꾼 임진택의 광대 내력은 다 아는 판이다. 일찍이 대학 때는 전경차에서 쏟아지는 시위대에 대한 경고방송에, 메가폰을 들고 경찰에게 똑

같은 투로 경고방송을 하여 경찰들을 꽁꽁 얼게 했고, 생명사상의 거두 김지하가 '오적(五敵)'들에게 퍼부은 서슬 퍼런 글을, 소리로 만들어 오적들을 오금 저리게 하며 천하를 주유하며 민주화 길을 풀어갔다.

소리에는 맺고 풀림이 있으면 되치고 나오는 신명(神明)이다. 하늘[天]의 뜻[神]을 땅[地]에 밝히는[明] 일이 사람의 도리이다. 천지 율려가 흐르는 음양의 길이 자고로 도이고 그 길의 법(法)을 밝히는 것이 문화운동이다. 우리의 70, 80, 90년대는 민중문화 굿쟁이들이 벌인 민족문화의 열린 판이었다. 백기완 선생이 '야~아 문화운동이라는 거 말야, 대낮에 민족을 위해 웃통 벗고 제일 센 놈과 한판 붙는 거이 문화운동이야 니들 알~간!' 하던 말같이, 민족이라는 말에 절로 치떨며 한판 민족 열림 굿을 하며 민족의 주인 세상인 민주의 도를 세웠다. 그러나 더불어 시작하였지만 '동지는 간 데 없고 깃발만 나부끼는' 새날은 아직도 먼 판이다. 임진택 선배는 보기 드물게 초심으로 초야의 심정으로 또한 안중근, 백범, 유관순 등 독립운동가 열전인 창작판소리 열두 편을 만들며 시대의 진실을 밝히고 있다. 여전히 현장에서 민족의 횃불을 들고 있다.

나 또한 2012년 광주에서 광주국제아리랑 축제를 만든 적이 있다. 1980년대 민요연구회 민족음악협의회를 통해 밝혀온 아리랑을 2000년에는 국립극장 〈겨레의 노래던〉으로 이었다. 광주정신이 바로 아리랑 정신이다. 근대 서세동점을 오만을 역전시키는 위대한 대반란으로서의 광주정신을 논했다. 평등을 위한 자유와 상생을 위한 저항, 그리고 대동의 아리랑 정신이 바로 광주 정신 아닌가. 그리고 오늘 곳곳에서 피어난 아리랑 꽃들이 우리를 살릴 것이라 믿는다. 김삼웅 선각이 우리에게 주고자 한 교훈은 무엇인가. 아리랑은 겨레의 노래라는 것이다.

김삼웅 선각이 풀어놓은 아리랑을 천하 소리꾼 임진택 선배와 감수한다고 했지만, 아리랑 사설을 읽어보며 가락을 유추하고 상상하며 김삼웅 선각의 아리랑 풀이가 아리랑 타령으로 아리랑 세상 한판 소리판으로 풀렸다. 이 책이 아리랑의 한과 신명을 푸는 민족의 소리판으로 풀어야 하는 것이 오늘 우리의 할 일이라는 생각이다. 왜 끝내 김삼웅 선생님이 아리랑을 부르는 이유는 무엇인가. 이는 곧 우리가 끝까지 불러야 할 노래가 아리랑임을 가슴 깊게 생각하라는 경계(警戒)이다. 아리랑을 부르면 민족이 산다. 온 겨레가 필독해야 하는 이유이다.

　　　　　　　　　　　　　　　　　　　　김태균(음악평론가)

주註

들어가는 말

1) ≪한겨레≫, 2023년 7월 24일 자.

1. 아리랑은 우리에게 무엇인가?

1) 김연갑, 『8도 아리랑 기행』, 집문당, 1994, 298쪽.
2) 최상일, 「아리랑의 뿌리와 갈래」, 내일을여는역사재단, ≪내일을 여는 역사≫, 50호(2013, 봄호), 도서출판 선인(선인문화사), 2013.
3) 임동권, 『한국민요사』, 집문당, 1964, 3쪽.
4) 『세종실록』 61권, 세종 15년 9월 12일 신묘 3번째 기사(sillok.history.go.kr).
5) 김우헌, 『한국노동민요론』, 집문당, 1986, 22쪽.
6) 위의 책, 23쪽.
7) 임동권, 앞의 책, 1964, 발췌.
8) 위와 같음.
9) 임중빈, 『한말 저항시집』, 정음사, 1983, 134~135쪽.

2. 아리랑의 역사, 시련을 넘어 흐르는 아리랑

1) 박민일, 『한국 아리랑 문학 연구』, 강원대학교출판부, 1989, 42쪽.
2) 위와 같음.
3) 김창남, 「삶을 지향하는 노래」, 김창남 외, 『노래운동론』, 도서출판 공동체, 1986, 14쪽.
4) 위의 책, 17~18쪽.
5) 임동권, 앞의 책, 1964, 228쪽.
6) 위의 책, 227~228쪽.
7) 『조선민요연구』; 김연갑, 『아리랑』, 현대문화사, 1986, 376쪽, 재인용.
8) ≪대한매일신보≫, 1907년 7월 28일 자.
9) 박민일, 앞의 책, 1989, 78쪽.
10) 이구용·김흥수·최창희, 『춘천항일독립운동사』, 춘천문화원, 1999.
11) 위의 책, 79쪽.
12) 출처 미상.

13) 이중연, 『신대한국 독립군의 백만용사야』, 혜안, 1998, 428쪽.

14) 위의 책, 427~428쪽.

15) 위의 책, 428쪽.

16) 위의 책, 427쪽.

17) 임중빈, 앞의 책, 134쪽.

18) 김연갑, 앞의 책, 1986, 356~357쪽.

19) 김열규, 『아리랑 역사여, 겨레여 소리여』, 조선일보사, 1987, 359쪽.

20) 위의 책, 360쪽.

21) 임동권, 앞의 책, 1964, 219쪽.

22) 위의 책, 220~221쪽.

23) 위의 책, 366~367쪽.

24) 위의 책, 364~365쪽.

25) 위의 책, 367~368쪽.

26) 이해영, 『안익태 케이스』, 삼인, 2019, 113쪽.

27) ≪재만조선인통신≫ 16호, 1936.

28) 친일인명사전편찬위원회, 『친일인명사전(2)』, 민족문제연구소, 2009, 714쪽.

29) 박민일, 『아리랑 정신사』, 강원대학교출판부, 2002, 261~262쪽.

30) 위의 책, 264~265쪽.

31) 이중연, 앞의 책, 224~225쪽.

32) 김문택, 「회고 광복군 시기」, 『한국독립운동사연구 2』, 독립기념관 한국독립운동사연구소, 1988, 676쪽.

33) 『독립군가집 배달의 맥박』, 송난출판사, 1986, 345쪽.

34) 이중연, 앞의 책, 203쪽.

35) 이정식·한흥구, 『항전별곡』, 거름, 1986, 320쪽.

36) 한중항일역사탐방단, 『중국 대륙에서 부르는 타이항산 아리랑』, 차이나하우스, 2014, 94쪽.

3. 세계인이 공감한 <아리랑>

1) ≪문화일보≫, ≪MK뉴스≫, 2018년 8월 29일 자 참조.

2) 리처드 러트, 『풍류한국』, 신태양사, 1974, 20~21쪽.

3) 위의 책, 23쪽.

4) 위의 책, 19~20쪽.

5) 님 웨일스, 조우화 옮김, 『아리랑』, 동녘, 1992, 44쪽.

6) 위의 책, 44~45쪽.

7) 위의 책, 맨 앞장.

8) 님 웨일스, 『아리랑 2』, 학민사, 1986, 133~134쪽.

9) 위의 책, 132~133쪽.

10) 계기화 편, 「새배달노래: 1920년대 재만주동포 애창곡」, 독립기념관 한국독립운동사연구소, 앞의 책, 86쪽.

4. 분단과 독재 시대의 <아리랑>

1) 박민일, 앞의 책, 1989, 80쪽.
2) 조지훈, 『한국문화사서설』, 탐구당, 1973, 337~338쪽.
3) 박민일, 앞의 책, 1989, 81쪽.
4) ≪건국공론≫, 제29호, 1948.
5) 박윤우, 「해방 후 대중가요의 사회사」, 『노래 2』, 실천문학사, 1986, 126쪽.
6) 박민일, 앞의 책, 2002, 348~349쪽.
7) 박윤우, 앞의 글, 130쪽.
8) 김연갑, 앞의 책, 1986, 491쪽.
9) 박민일, 『아리랑 자료집 1』, 강원대학교출판부, 1991, 209쪽.
10) 위의 책, 210쪽.
11) 위의 책, 211쪽.
12) 위의 책, 212쪽.
13) 위의 책, 213쪽.
14) 위의 책, 214쪽.
15) 위와 같음.
16) 네이버 통합검색.
17) 위와 같음.
18) 위와 같음.
19) 문승현, 「노래운동의 몇 가지 문제들」, 김창남 외, 『노래운동론』, 도서출판 공동체, 1986, 70쪽.
20) 박민일, 앞의 책, 1991, 216쪽.
21) 위의 책, 217쪽.
22) 김연갑, 앞의 책, 1986, 400쪽.
23) 위의 책, 401쪽.
24) 박민일, 앞의 책, 1991, 219쪽.
25) 아침노래기획, 「운동권 아리랑」, 『아침이슬 1집: '90노래총모음』, 아침, 1990.

5. <아리랑>, 예술로 꽃피다

1) 공훈전자사료관, 2016년 10월 이달의 독립운동가 '나운규', e-gonghun.mpva.go.kr/user/IndepCrusaderDetail.do?goTocode=20003&mngNo=7471.
2) 네이버 지식백과, '찬영회(讚映會)', terms.naver.com/entry.naver?docId=1165720&cid=40942&categoryId=34645.
3) 조희문, '나운규 연보', 『나운규』, 한길사, 1997.
4) 김원호, 『나운규 그 예술과 생애』, 백미사, 1982, 134~136쪽.
5) 박민일, 앞의 책, 2002, 149~150쪽.
6) 한완상, 「간행사」, 한민족아리랑연합회 편, 『아리랑이 보고 싶다』, 2000.
7) 위와 같음.

8) 임동권, 『한국의 민요』, 일지사, 1980, 34쪽.

9) 정공채, 『아리랑』, 오상, 1986.

10) 진용선, ≪느낌과 생각≫, 제6호, 1991.

11) 황금찬, 제1회 아리랑 축제, 아리랑 시 낭송회, 1989.

12) 랑승만 시집, 『억새풀의 땅』, 문학과사상, 1988.

13) 조정래, 「제1부, 아, 한반도」, 『아리랑』, 해냄, 1994.

14) 위의 책, 9쪽.

15) 위의 책, 337쪽.

16) 박종철, 『아리랑』, 평양 문학예술종합출판사, 2001, 2쪽.

17) 위와 같음.

18) 위의 책, 210~211쪽.

6. 해외 동포 디아스포라 <아리랑>

1) 「이규태 코너」, 이중연, 앞의 책, 434쪽에서 재인용.

2) 나무위키, '아리랑'.

3) 신연자, 『소련의 고려 사람들』, 동아일보사, 1988, 228~229쪽.

4) ≪한국일보≫, 1995년 8월 10일 자.

5) ≪한겨레≫, 1995년 8월 16일 자.

7. 동질성과 이질성, 북녘의 <아리랑>

1) 박종철, 앞의 책, 182~183쪽.

2) 위의 책, 182~183쪽.

3) 김연갑, 『북한 아리랑 연구』, 도서출판 청송, 2002, 337쪽, 재인용.

4) 위의 책, 344쪽.

5) 위의 책, 345쪽.

6) 신정일, 『한강역사문화탐사』, 생각의나무, 2002년, 74~75쪽.

8. <아리랑>, 통일을 노래하다

1) 이상, ≪한국일보≫, 2000년 6월 19일 자.

2) 『조선고전문학선집(2)』, 평양 문예출판사, 1983, 176쪽.

3) 김연갑, 앞의 책, 2002, 273~274쪽.2) 『조선고전문학선집(2)』, 평양문예출판사, 1983, 176쪽.

9. <아리랑>, 애국가로 피어나다

1) 나무위키, '아리랑'.

2) ≪플러스 코리아 타임즈≫, 2013년 9월 29일 자.

3) 임진택, 『애국가 논쟁의 기록과 진실』, 한국학중앙연구원출판부, 2020, 298~299쪽.

4) 「초대석」, ≪경향신문≫, 1989년 8월 11일 자.

10. 삼천리 강산에 핀 <아리랑>

1) 김연갑, 앞의 책, 1986, 238쪽.

2) 위의 책, 234~235쪽.

3) ≪매일신보≫, 1930년 11월 7일 자.

4) 『한국구비문학대계(1-7)』, 1980.

5) 김연갑, 앞의 책, 1986, 256쪽.

6) 『한국민요집(2)』, 1980.

7) 위와 같음.

8) 위와 같음.

9) 『한국민요집(4)』, 1979.

10) 『조선민요아리랑』, 1935.

11) 위와 같음.

12) 『한국민요집(4)』, 1979.

13) 『한국구비문학대계(2-2)』, 1981.

14) 『한국민요집(2)』, 1980.

15) 『한국민요집(4)』, 1979.

16) 『한국민요집(3)』, 1980.

17) 『한국민요집(4)』, 1979.

18) 『한국민요집(3)』, 1980.

19) 『한국민요집(4)』, 1979.

20) 임동권, 『한국민요연구』, 한국학술정보, 2003, 389쪽.

21) 위의 책, 388~389쪽.

22) 『조선민요아리랑』, 1935.

23) 위와 같음.

24) 위와 같음.

25) 위와 같음.

26) 『한국민요집』, 1946.

27) 위와 같음.

28) 위와 같음.

29) 『한국민요집(5)』, 1980.

30) 『한국민요집(2)』, 1980.

31) 『한국민속종합조사보고서』, 문화재관리국, 1982.

32) 『한국구비문학대계 6-4』, 1985.

33) 위와 같음.

34) 「한국민속종합보고서」, 문화재관리국, 1971.

35) 『한국구비문학대계 6-6』, 1985.

36) 위와 같음.

37) 박민일, 앞의 책, 2002, 219쪽.

38) 조선총독부, 『조선민요아리랑』, 1912.

39) 위와 같음.

40) 『조선민요집성』, 1948.

41) 위와 같음.

42) 『한국민요집』, 1980.

43) 『한국민요집(3)』, 1980.

44) 『한국구비문학대계(7-10)』, 1984.

45) 『한국구비문학대계(7-13)』, 1985.

46) 『조선민요아리랑』, 1935.

47) 김연갑, 앞의 책, 1986, 360쪽.

48) 위의 책, 361쪽.

49) 『조선민요아리랑』, 1930.

50) 『한국민요아리랑』, 1935.

51) 『조선구전민요집』, 1933.

52) ≪매일신보≫, 1930년 10월 23일 자.

53) 『조선문학전집(상)』, 1936.

54) 『한국구비문학대계(1-3)』, 1980.

55) 「아리랑의 고장을 가다」, ≪한겨레≫, 2000년 1월 1일 자.

56) ≪강원일보≫, 1984년 5월 3일 자.

57) ≪동아일보≫, 1937년 11월 21일 자.

58) ≪중외일보≫, 1928년 10월 11일 자.

59) 『소양의 맥』, 1982.

60) 『정선아리랑 요사집』, 1977.

61) 『조선민요집성』, 1985.

62) 『강원총람』, 1975.

63) 『한국민요집(4)』, 1979.

64) 『한국구비문학대계(2-3)』, 1981.

65) 『한국구비문학대계(2-9)』, 1986.

66) 『한국구비문학대계(2-4)』, 1983.

67) 『한국민요지(4)』, 1979.

68) ≪별건곤≫, 1933년 5월호.

지은이 **김삼웅**

독립운동사 및 친일반민족사 연구가로, 현재 신흥무관학교 기념사업회 공동대표를 맡고 있다. 《대한매일신보》(지금의 《서울신문》) 주필을 거쳐 성균관대학교에서 정치문화론을 가르쳤으며, 4년여 동안 독립기념관장을 지냈다. 민주화운동관련자 명예회복 및 보상심의위원회 위원, 제주 4·3사건 희생자 진상규명 및 명예회복위원회 위원, 백범학술원 운영위원 등을 역임하고 친일반민족행위진상규명위원회 위원, 친일파재산환수위원회 자문위원, 국립대한민국임시정부기념관건립위원회 위원, 3·1운동·임시정부수립100주년기념사업회 위원 등을 맡아 바른 역사 찾기에 부단히 노력하고 있다. 역사·언론 바로잡기와 민주화·통일운동에 큰 관심을 두고 저서를 펴냈으며, 독립운동가와 민주화운동에 헌신한 인물의 평전을 집필하고 있다.

감수자 **임진택**

문화운동가이자 마당극 연출가이며, 창작판소리의 독보적 명창이다. 2010년 이후 새로운 창작판소리 열두 바탕을 만드는 작업을 시작해 〈백범 김구〉, 〈다산 정약용〉, 〈오월광주 윤상원가〉, 〈안중근〉, 〈전태일〉, 〈녹두장군 전봉준〉 등의 사설을 직접 쓰고 창작해 공연했다. 최근 〈애국가 논쟁의 기록과 진실〉을 펴내고, 현행 애국가의 대안으로서 〈아리랑 애국가〉를 제안한 바 있다.

감수자 **김태균**

중앙대학교에서 한국음악학으로 석사 학위를 받았고, 1994년 동아일보 신춘문예 음악평론 부문에 당선되었다. 민요연구회, 민족음악협의회, 중앙국악현현악단, 국립전통예술고, 국립극장, 국립국악원 등 주로 전통예술기관에서 활동했다. 지금은 한민족문화예술세계화포럼 의장을 맡고 있으며, 음악평론가로서 전통예술의 대중화와 지평확대를 위해 노력하고 있다.

겨레의 노래 아리랑

1판 1쇄 인쇄   2023년 9월 5일
1판 1쇄 발행   2023년 9월 11일

지은이 김삼웅 **감수자** 임진택·김태균 **펴낸이** 조추자 **펴낸곳** 도서출판 두레
등 록 1978년 8월 17일 제1-101호
주 소 (04075)서울시 마포구 독막로 100 세방글로벌시티 603호
전 화 02)702-2119(영업), 02)703-8781(편집) **팩스** 02)715-9420
이메일 dourei@chol.com **블로그** blog.naver.com/dourei
트위터 https://twitter.com/dourei_books **인스타그램** instagram.com/dourei_pub

글ⓒ김삼웅, 2023

ISBN 978-89-7443-157-0 03910